考古与文明丛书
Series in Archaeology and Civilizations

王仁湘　主编

THE LOFTY STUPAS

浮屠高耸
——中国古塔
Ancient Chinese Pagodas

常青　著

文物出版社

图书在版编目（CIP）数据

　　浮屠高耸 : 中国古塔 / 常青著. -- 北京 :
文物出版社，2022.5
（考古与文明丛书 / 王仁湘主编）
　　ISBN 978-7-5010-6591-2

　　Ⅰ．①浮… Ⅱ．①常… Ⅲ．①古塔－研究－中国
Ⅳ．①K928.75

　中国版本图书馆CIP数据核字(2021)第087324号

　　本书中部分图片经多方联系，未能找到摄影者，敬请未
联系到的权利人和我们联系，我们将及时奉寄样书和稿酬。
联系电话：010-84007058　　邮箱：ystscb2022@163.com

浮屠高耸
——中国古塔

著　　者：常　青
丛书主编：王仁湘

责任编辑：智　朴
助理编辑：马晨旭
责任印制：张　丽
封面设计：特木热

出版发行：文物出版社
社　　址：北京市东城区东直门内北小街2号楼
邮　　编：100007
网　　址：http://www.wenwu.com
经　　销：新华书店
制版印刷：天津图文方嘉印刷有限公司
开　　本：710mm×1000mm　1/16
印　　张：17
版　　次：2022年5月第1版
印　　次：2022年5月第1次印刷
书　　号：ISBN 978-7-5010-6591-2
定　　价：78.00元

徜徉在文明的长河

文明，如同是一条长河，涓滴汇溪，宽缓窄急，回旋蜿蜒，奔流不息，时有波平又浪起，时见雾涌又云蒸，景象万千。

文明之河悠长，如今站在长河的何处，我们其实知道也不知道。我们并不知晓河源有多远，也不知晓河流有多长，所以也不能完全明白自己的坐标在哪里。我们只是看到前后不远处的气象，更远处的景致，通常只是从文本与传说获得的印象，既不真切，也不确定，还有许多的猜测。更有文明孕育的遥远年代，许多的故事也都有待发现，有待复构。

我们会好奇，好奇文明长河那些未知的风景，想知道风景是怎样的妖娆，想看看色彩是怎样的斑斓？我们真惊奇，但见长河散璧遗珠，是那样典雅温润，想象中还有多少失踪的宝藏？我们也会惊叹，长河流淌过的人文情怀是如何光灿日月，我们的民族精神是怎样的不屈不挠？我们也很惊疑，长河源头究竟有多远，众里寻她千百度，还需几番探寻才能确认？我们非常向往，文明长河会流向何方，百川归海又会是怎样的气势？

忽如一夜东风来，考古列入国家文化建设战略，我们心中的文明之谜将会加速开解。我们的社会活跃着一批考古人，考古人回归文明长河，直入到历史层面，去获取我们已然忘却的信息，穿越时空去旅行与采风，将从前的事物与消息带给现代人，也带给未来人。

考古，如同是一列筏子，是漂泊在文明长河上的筏子，石器美玉，彩陶黑陶，甲骨青铜，秦砖汉瓦，酒樽茶盏，丝帛锦绣，满载宝藏。这筏子上撑篙把舵的考古人，还会关注更多的细节，他们由细节驶往真实的形色历史中。与历史学家不同的是，考古人是在不同的维度上重现历史的面貌，这是立体的历史，是全真的历史。

考古人研究一式式陶器，一座座废墟，一群群墓葬，一坑坑垃圾，一组组壁画；考察大长城、大古都、大聚落、大陵墓、大运河、大丝路。考古人探索人类起源、农业起源、文明起源、国家起源、文字起源、技术发展以及文化艺术诸多课题。考古，就是研究实在的历史，复原历史的样相与色彩，寻找我们的文化根脉，重构我们的文化传统，重建我们的文化自信。

人事有代谢，往来成古今。过往与未来，都会令我们迷恋。未知的世界，都会让我们好奇。感受文明跳动的脉搏，探究文明前行的动力，明确我们的坐标，要依仗考古人。考古人带我们赏鉴和感触文明长河的浪花，让我们的心灵与过去和未来世界相通。

"考古与文明"这一个系列读本，是考古人合力扎起的一个个筏子，让我们一起登上这筏子，去展开一次次特别的旅行，到文明长河去徜徉去感悟去漂流吧！

王仁湘

目 录

在世觉悟 后世之师

镇守风水　美化山河

　　"救人一命，胜造七级浮屠"，自古以来就是中国人乐善好施的通俗用语，也是扶危济贫、救死扶伤义士们的自谦之辞。即使在现代的文艺作品中，这句话也是拯救众生性命的主人公们脱口而出的惯用语。那么究竟什么叫"浮屠"呢？这并不是每一个中国人都能回答的问题。其实，浮屠就是佛塔。虽然几乎所有的中国人都知道佛塔，但却不一定了解佛塔的来历、用途，以及它的类型、结构等等。

　　塔，梵文称作Stupa，在古代印度就是坟冢的意思。从印度的梵文译成汉文之后，曾经出现了窣堵波、佛图、浮屠等音译名称，和方坟、圆冢、高显等意译名称。而"塔"则是古代中国人给予这种印度传来的建筑的一种很形象化的名称，最早见于晋代葛洪写的《字苑》一书。

　　相传佛祖释迦牟尼涅槃以后，弟子们把他的遗体火化了，遗骨在火光之中凝结成了五彩斑斓、击之不碎的结晶物，称作碎身舍利。相传释迦牟尼还遗留下了他的身骨、头顶骨、牙齿、毛发、指骨等等，这些则称作真身舍利。当时有八个国家的国王听说释迦牟尼涅槃了，都带领兵将前来争夺佛舍利，最后他们分别得到了一份，按照印度古老的传统习俗在自己的国家建塔供养了起来。这些佛塔的下面都有地宫，里面都珍藏着释迦的舍利。由于佛教信徒们将释迦的舍利子视为一种至高无上的神圣物品，所以，佛塔就不仅成为了释迦牟尼涅槃的象征，更是佛家弟子们顶礼膜拜的对象了。

　　佛教认为，信徒们如果能经常性地环绕着佛塔做礼拜，就可以在来世获取无上的功德和福报。所以，环绕着佛塔作右旋礼拜，也就成为当时的僧侣们每日必做的功课了。不仅如此，就是建造佛塔本身也是一项功德行为。在释迦涅槃二百多年以后，印度孔雀王朝的阿育王（公元前 304 ~ 前 232 年在位）就曾经打开了最早的八个舍利塔中的七塔地宫，取出舍利子，把它们分成许多份，然后在他传播佛教的广大区域内普遍建塔供养。这种做法还经常被后世的佛教信众所效仿。时至今日，佛祖的舍利塔遍布于中亚、东亚、南亚和东南亚各地区，在中国的大地上，古塔的数量就有上万座。

　　说到这里，人们不禁会问：这么多的佛塔下面难道都有释迦佛祖的舍利子吗？当然不会的，供奉舍利的佛塔是屈指可数的，而大部分佛塔下面供奉的只是象征性的佛舍利。用什么当作象征性的舍利呢？佛经上说：信众们修建佛塔，如果找不到佛的真身舍利子，可以用金、银、琉璃、水晶、玛瑙等珍宝来代替。如果实在无力求得这些宝物，也可以到大海边去拾取清净的砂粒，或者采集一些药草、竹木的根节来制造舍利。只要具有真诚的信佛之心，这些象征物品在信徒们的眼里也就完全具有了如真身佛舍利一般的功能与作用。另外，佛教的经典集中了释迦牟尼的所有思想与智慧，是佛教信众通往涅槃境界的指路明灯，因此，在有的古塔中，一些佛教经典也被当作舍利供奉在了塔身之中。经典是不同于真舍利的，所以，珍藏在佛塔之中的经典被佛教称作"法身舍利"。不论是真舍利还是法身舍利，它们所在的宝塔都被称作"舍利塔"。

　　也有一种佛塔只是被用来作为释迦牟尼象征的，塔下并不埋藏舍利子，因此就不具备坟冢的性质，如在石窟洞里用石头雕刻出来的佛塔就是这样的。这种塔在梵文佛教文献中叫Chaitya，汉语的音译称作"支提"或"制底"，意思是在一个礼拜堂里修建有一座佛塔，因为可以称作"塔堂"。

　　任何形式的文化艺术都没有一成不变的固定模式，作为佛教信仰的重要标志之一的佛塔也是这样。当建造佛塔的思想从印度走向四面八方之后，各地区的佛教信徒们在接受印度佛塔建筑样式的同时，也在不断地结合着本民族的固有文化，创造出自己所喜爱的佛塔样式。于是在佛教发展的历史长河中，各种各样的佛塔不断涌现，成为了古代信仰佛教的各民族建筑艺术中的一朵奇葩。中国的古塔也是多种多样的，从它们的外表造型和结构形式上来看，大体可以分为以下七种类型（图 1）：

密檐式塔　　　　　　　　　　楼阁式塔

过街塔　　　　　　　　　　金刚宝座式塔

覆钵式塔　　　　　　花　塔　　　　　　亭阁式塔

图 1　古塔类型示意图（常青设计）

1. 楼阁式塔：在中国古塔中的历史最悠久、体形最高大、保存数量最多，是汉民族所特有的佛塔建筑样式。这种塔的每层间距比较大，一眼望去就像一座高层的楼阁。形体比较高大的，在塔内一般都设有砖石或木制的楼梯，可以供人们拾级攀登、眺览远方，塔身的层数与塔内的楼层往往是一致的。在有的塔外还有意制作出仿木结构的门窗与柱子等。

2. 密檐式塔：在中国古塔中的数量和地位仅次于楼阁式塔，形体一般也比较高大，它是由楼阁式的木塔向砖石结构发展时演变而来的。这种塔的第一层很高大，而第一层以上每层的层高却特别小，各层的塔檐紧密重叠着。塔身的内部一般是空筒式的，不能登临眺览。有的密檐式塔在制作时就是实心的。即使在塔内设有楼梯可以攀登，内部实际的楼层数也要远远少于外表所表现出的塔檐层数。富丽的仿木构建筑装饰大部分集中在塔身的第一层。

3. 亭阁式塔：是印度的覆钵式塔与中国古代传统的亭阁建筑相结合的一种古塔形式，也具有悠久的历史。塔身的外表就像一座亭子，都是单层的，有的在顶上还加建一个小阁。在塔身的内部一般设立佛龛，安置佛像。由于这种塔结构简单、费用不大、易于修造，曾经被许多高僧们采用作为墓塔。

4. 花塔：花塔有单层的，也有多层的。它的主要特征是：在塔身的上半部装饰繁复的花饰，看上去就好像一个巨大的花束，它可能是从装饰亭阁式塔的顶部和楼阁式、密檐式塔的塔身发展而来的，用来表现佛教中的莲花藏世界。它的数量虽然不多，但造型却独具一格。

5. 覆钵式塔：是印度古老的传统佛塔形制，在中国很早就开始建造了，主要流行于元代以后。它的塔身部分是一个平面呈圆形的覆钵体，上面安置着高大的塔刹，下面有须弥座承托着。这种塔由于被西藏的藏传佛教使用较多，所以又被人们称作"喇嘛塔"。又因为它的形状很像一个瓶子，还被人们俗称为"宝瓶式塔"。

6. 金刚宝座式塔：这种名称是针对它的自身组合情况而言的，而具体形制则是多样的。它的基本特征是：下面有一个高大的基座，座上建有五塔，位于中间的一塔比较高大，而位于四角的四塔相对比较矮小。基座上五塔的形制并没有一定的规定，有的是密檐式的，有的则是覆钵式的。这种塔是供奉佛教中密教金刚界五部主佛舍利的宝塔，在中国流行于明朝以后。

　　7.过街塔和塔门：过街塔是修建在街道中或大路上的塔，下有门洞可以使车马行人通过。塔门就是把塔的下部修成门洞的形式，一般只容行人经过，不行车马。这两种塔都是在元朝开始出现的，所以门洞上所建的塔一般都是覆钵式的，有的是一塔，有的则是三塔并列或五塔并列式。门洞上的塔就是佛祖的象征，那么凡是从塔下门洞经过的人，就算是向佛进行了一次顶礼膜拜。这就是建造过街塔和塔门的意义所在。

　　除了以上列举的七类古塔之外，在中国古代还有不少并不常见的古塔形制，如在亭阁式塔顶上分建九座小塔的九顶塔；类似于汉民族传统门阙建筑形式的阙式塔；形似圆筒状的圆筒塔；以及钟形塔、球形塔、经幢式塔等等，一般多见于埋葬高僧遗骨的墓塔。还有一种藏传佛教寺院中流行的高台式列塔，即在一座长方形的高台之上建有五座或八座大小相等的覆钵式塔。另外，还有一些将两种或三种塔形组合在一起的形制，如把楼阁式塔安置在覆钵塔的上面，或者把覆钵式塔与密檐式、楼阁式组合为一体，或者在方形、多边形的亭阁上面加覆钵体与多重相轮等（即亭阁式覆钵塔，俗称阿育王塔），这样一来使古塔的形式更加丰富多彩、变化多样了。

　　古塔的种类尽管是多种多样的，但它们的基本构造是大体相同的，一般都具有地宫、基座、塔

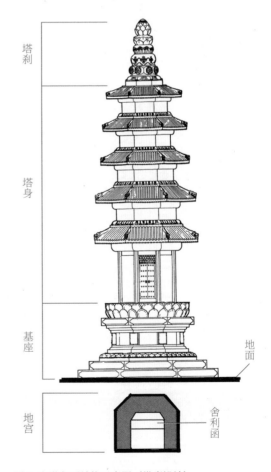

图 2 古塔主要结构示意图（常青设计）

身、塔刹四个部分（图2）。舍利塔的下面一般都建有地宫，以便埋藏舍利和供奉物品。塔基是一座塔的下部基础，它覆盖在地宫的上面，又是承托塔身的基座。塔身是塔的主体部分，前面所讲的几种塔的类型，主要就是通过塔身的形制来区别划分的。塔身的内部结构主要有实心和中空两种，塔身的层数绝大多数都是阳性数目的一、三、五、七、九、十一、十三等，而以二、四、六、八等阴性数为层数的极其少见。塔刹是塔身上部的塔顶部分，刹是梵文的音译，它含有土田、国土、佛国的意思，所以佛教的寺院也称作刹。将塔顶部分命名为"刹"，似乎带有佛教世界的象征意义。一般造型规范的塔刹本身也是一座小覆钵塔的形制，也可以分为刹座、

刹身和刹顶三部分（图3）：刹座一般由基座、覆莲、仰莲组成；刹身则由刹杆、相轮和伞盖等组成，刹座的上面树立着刹杆，而刹杆之上又套贯着相轮。相轮的形象很像上下相叠的圆环，它是表现佛塔崇高、受人景仰的标志，中国古代传统的俗名又叫作"金盘"和"承露盘"。相轮的层数多少不等，少的三五个，多的可达数十个，都是奇数的。有的塔还用相轮的多少来表示该塔的等级与高低大小，而一般来讲，大塔的相轮多而大，小塔的相轮少而小；在相轮的上面，仍然是以穿套的方式在刹杆之上安置圆光、仰月、宝珠等，共同组成了刹顶部分。在塔刹的下面，有的还设置了天宫，专门用来珍藏和供奉舍利、供养物品等。有的塔在修建之时，还把一些佛经作为释迦牟尼的法身舍利砌筑在了塔的墙壁之中。

中国古塔所使用的建筑材料大体

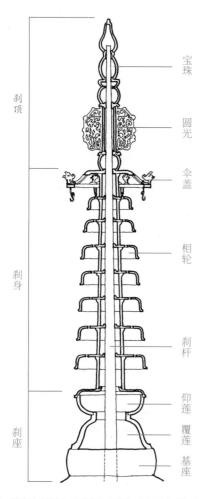

图3 塔刹主要结构示意图（采自《中国古塔》）

可以分为木、砖石、金属、琉璃等几种。木塔主要流行在东汉、魏晋与南北朝时期，是用汉民族传统的木结构方法建造成的。砖石塔是唐代以后兴起的，是用垒砌、发券、叠涩等方法建造而成的，中国现存的大部分古塔都是属于这种建筑类型。宋代以后，人们有时候喜欢用雕模制范的方法来铸造金属塔。而用琉璃砖瓦砌筑的塔，更为塔身的外表增添了一份璀璨夺目的光彩。

中国古代的佛教信众在修建佛塔的同时，也为历朝历代的高僧大德们修建了无数的舍利墓塔，在有的寺院旁边，成组成群的高僧墓塔又组成了一个个举世闻名的塔林，向我们述说着塔下圆寂之人当年的功德与业绩。在中国佛教一千多年的发展长河中，佛塔的建筑艺术形式又引发了祖先们对于其他建筑种类的想象力，于是一座座与敬佛思想毫不相关的用于瞭望敌情的料敌塔、用于导航引渡的航标塔、用于镇压风水的文风塔便应运而生了。就连有些道士死后，也采用了佛教建塔埋葬的方式，在所建塔的形式上也往往与佛塔没有太大的区别。这些名目众多、用途广泛的塔，充分说明了这种原本属于佛教的建筑形式，早已融进了中国古代民族文化的海洋之中，成为了中国古代建筑艺术中不可缺少的一个重要组成部分，也把中国的大好河山装扮得更加秀丽多姿。

印度现存最为古老的佛塔，可以追溯到公元前3世纪的阿育王时代。而中国第一座佛塔的建立，大约在公元1世纪的东汉王朝时期，那时候，佛教才刚刚被少数中国人接受。在近两千年的风雨岁月中，曾经有数不清的宝塔在神州大地上拔地而起，展示着祖先们辉煌的艺术成就；又有多少座宝塔在干戈扰攘的战火中被湮没到了地下，它们当年雄伟的身姿只能到古书之中去寻觅。尽管如此，中国仍然有成千上万屹立着的古塔，数量之多，种类之全，制作工艺之多样，时代跨度之大，在曾经和依然信奉佛教的国度之中都是首屈一指的。它们的成就也绝不仅仅局限于古老的建筑艺术本身，从这些古塔舍利子的五彩夺目的光环之中，我们可以看到中华民族的祖先们对外来文化的兼收并蓄，并不断创新民族文化的历史过程。

本书按古塔的用途分为佛塔、僧塔、文风塔三部分，将中国许多著名的古塔放在宗教、文化与建筑艺术的历史长河之中，去依次探寻其中的奥秘。

在人们的概念中，塔就是佛塔，而佛塔的下面一般都有佛的舍利子，不论是真身的还是法身的。因此，佛塔就是佛的象征，就是佛教信众的主要供奉物和崇拜物。从印度到中国，我们所能见到的佛教中的塔，绝大部分都是佛的舍利塔。佛塔的无处不在，正是释迦牟尼教法无所不及的绝好反映。

巍巍佛塔 永驻大千

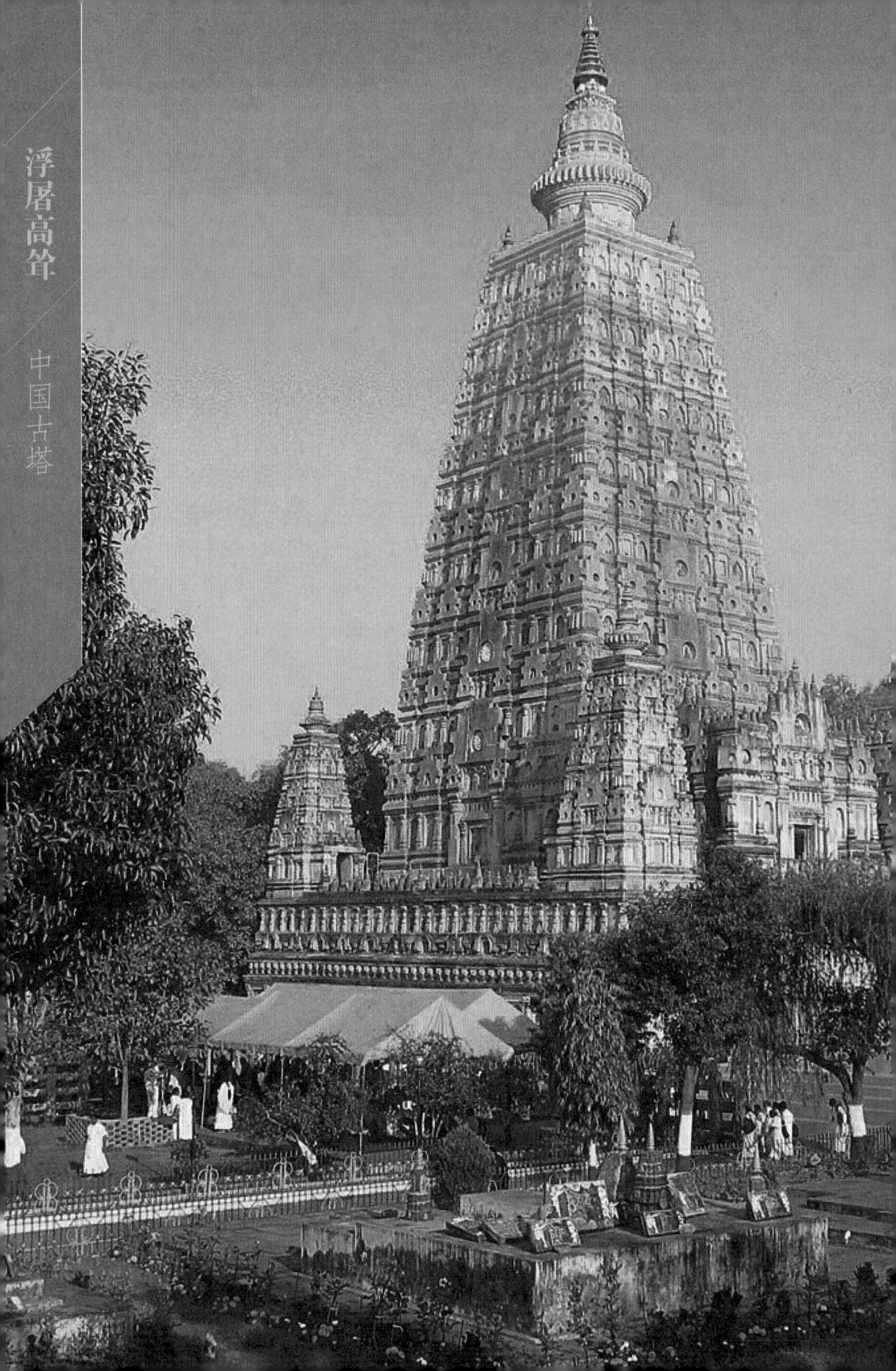

印度与中亚的佛陀足迹

阿育王的功德壮举

据《阿育王经》记载：佛祖释迦牟尼有一天与弟子阿难来到了王舍城的一条巷中行走乞食，看到有两个小男孩正在巷中用土做着城宅与仓储的游戏。当这两个小男孩正玩得兴奋的时候，忽然抬头看见佛祖向他们走来，不禁欢喜地跳跃起来。其中的一位男孩立即想到应该用食物供养佛祖，就从他们的土城仓中捧了一大把土向着释迦奉献上去。原来，这把土正是他们模拟的仓储中的粮食，在两个孩子的眼里，这就是他们最为珍贵的东西了。释迦牟尼看到这个情形，随即向弟子阿难预言道："在我涅槃百年之后，这个小孩会转世成为一代转轮圣王，号为阿育王，他将广建我的舍利塔，大盛我们的教法。"

公元前 486 年，释迦牟尼在印度拘尸城的娑罗（sala）双树间涅槃了。按照佛教的观点，他是进入了摆脱轮回、没有烦恼痛苦、不生不灭的寂静状态。弟子们按照当时印度的风俗习惯，将他的遗体火化。佛祖的遗体在火中结晶成了五彩斑斓的舍利子，这些神圣的舍利子被附近八个国家的国王分走，他们分别在自己的国家修建佛塔供奉了起来。

公元前 271 年，阿育王（Ashoka）作为古代印度孔雀（Mauryan）王朝的第三代国王即位了，经过他的南征北战，不断地向其他国家用兵，终于占领了印度次大陆的广大地区，建立了印度历史上第一个统一的王朝。阿育王不愧为印度的第一位转轮圣王，在他用血腥的军事手段征服了东南方的羯陵迦（Kalinga）国以后，就完全被佛祖的慈悯心所感动，继而被佛教所左右了。于是他皈依了佛教，成了一名在家的佛教信徒。阿育王是在公元前 232 年去世的，在他统治印度的几十年间，曾经巡行各地区，推广佛教的大法，还设了专司弘扬佛教的行政官员，把自己推行佛教的敕令分别雕刻在全国许多地区的石头或石柱上，希望它们能代代相传下去。不仅如此，阿育王还派遣了许多著名的传教师到遥远的边境地区和邻国去传播佛教，使佛教初步走向了世界。

两千多年过去了，阿育王时期的佛法盛况，我们只有从遗存下来的很有限的艺术作品中去寻觅了，而这些作品正是目前已知的世界上最早的一批佛教艺术品。

在印度历史上，阿育王最为著名的功德壮举，是开启了佛祖八个舍利塔中的七塔地宫，取出舍利子，在他推行佛教的地区广建了"八万四千塔"，周遍供养，意欲用佛塔的威德来庄严整个人间世界。这里所谓的"八万四千"实际上并不是一个确定的数目，它是佛经中惯用的表示数目很大的意思。阿育王当年究竟建了多少佛塔，我们今天已无法考证了，但数量一定不少，而且大部分应该位于印度本土，在孔雀王朝传教所及的周边国家可能也建造了一些，这点大概是没有疑问的。遗憾的是，阿育王时代距离我们毕竟太遥远了，如今能够确定为当时遗迹的，只有位于中印度比尔萨附近的桑奇（Sanchi）第 1 塔内核和塔南门旁边立着的石柱，柱头是由四只背部相合的狮子组成的；另外还有巴基斯坦塔克西拉（Taxila）的达摩拉吉卡大塔（Dharmarjika，图 4）和士瓦特的布卡拉塔。所幸的是，阿育王的做法对后世的佛教信徒们产生了极大的影响，而且，有的古塔在当年建造之时，就是借用阿育王广建佛塔的名义。陕西扶风县法门寺唐塔地宫中的佛指舍利，相传最初就是阿育王派遣使者建塔安置的。

图 4 巴基斯坦塔克西拉的达摩拉吉卡大塔

　　阿育王去世以后，强大统一的孔雀王朝就逐渐衰败了。公元前180年，印度恒河流域出现了巽加王朝，到了公元前72年又被坎婆王朝所代替。公元前30年前后，在德干高原的西部又兴起了沙多婆诃那王朝，它灭亡于3世纪初期。在这段历史时期内，印度的佛教得到了进一步地发展，北印度各地不断仿照阿育王曾经建造的佛塔样式大造佛塔，就是一个重要的标志。在这些大型佛塔之中，以巴尔胡特和桑奇的佛塔最为著名。

　　巴尔胡特位于中印度的科沙姆西南190千米处，在古代称作拘睒弥。这里有一座高大的覆钵式佛塔，圆形的覆钵丘直径大约有22米，是用砖砌筑而成的，在它的周围建有宽约2.5米的环道，环道的外侧都立有栏楯，总长度85米，现存的栏楯柱就有80多个，众生可以绕着环道做礼拜。栏楯的东西南北四方各开了一个出口，分别安着双柱式的高大石门。在这座大塔的顶部，原来还安有塔刹和相轮等。在栏楯和塔门上保存着二百多条铭文题记，我们从中可以了解到：这座塔的塔门和栏楯是巽加王朝的一个名叫达纳胡提的王侯施资修建的，还有许多比丘、比丘尼、在家居士和普通居民也参与了这项功德活动。它表明了巴尔胡特大塔大约是在公元前150～前100年间建成的。然而，这座宝塔早已成为废址，考古发现的残件可以在博物馆中看到。

　　桑奇地区保存的覆钵形大塔主要有三个，其中以第1塔的规模最大，是阿育王时代建造的。到了巽加王朝时期，在原来砖筑的覆钵丘外面又包砌了石块，终于使塔的台基直径达到了现有的36.6米，总高度为16.5米。在覆钵丘的顶部有平头和轮竿、相轮等，环道外侧的栏楯高度为3.1米（图5）。四个塔门的形体很高大，是在沙多婆诃那王朝修建成的，当时的施主计有九百多人。第2塔在第1塔的西面，也是覆钵形的，它的台基直径为14.3米。第3塔在第1塔的北面附近，规模和形制都和第2塔相当，是巽加王朝时期的作品。这些佛塔的下面都有地宫，里面都珍藏着释迦佛祖的舍利。1815年，在桑奇第2塔的覆钵丘下面就曾经发现了一个舍利石函，里面装着四个小型的舍利盒，上面还刻着阿育王时期十个高僧的姓名。桑奇第3塔的地宫中则存放着两个石质的舍利罐，上面刻着舍利弗和摩诃目犍连的名字，这两人都是释迦的弟子。

　　关于印度早期覆钵塔的制作要求，在小乘佛教的律典《根本说一切有部毗奈

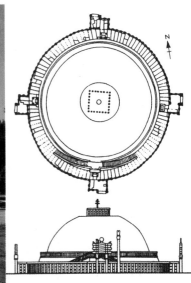

图 5 印度桑奇大塔及其平面与立面图

耶杂事》中有过这样的规定：建造佛塔时，应该用砖来砌筑两层台基，然后修建塔身，再在塔身上安置覆钵体，高度可以自行掌握。在覆钵体的上面设置平头，高一二尺，大约二三尺见方。平头的中间树立一个轮竿，然后在上面安装相轮，相轮的重数可以依照不同的规格而有一、二、三、四，乃至十三重的区别。在塔刹的最顶端安置一个宝瓶。我们可以看出，上述的几座早期覆钵形大塔，基本就是按照这个规定建造起来的。

印度早期覆钵形大塔雕刻的技艺之精美、内容之丰富也是令人拍案称绝的，而且个个年代久远，有着很高的研究与观赏价值。大塔的雕刻主要集中在四个石质塔门和环绕覆钵丘的栏楯表面。以桑奇第 1 塔的塔门为例，它的高度在 10 米左右，是由两根粗大的方形立柱和上面的三根横梁所构成的，就在门柱和横梁的前后表面都布满了浮雕，表现出了当时印度雕刻的高超技艺（图 6）。塔门上的浮雕题材可以归纳为四类：（1）装饰纹样，主要是佛教中所常用的表示洁净的莲花纹。（2）守护神，都刻在门柱内侧面的下端，它们的形象源于印度民间所信仰的夜叉神，同时又往往和祈祷庄稼丰收联系在一起。它们有的袒裸着上身，表现出一种贵人相；有的则是左手叉腰站立，而右手却向上握住树上的花或者果实，神

图 6 印度桑奇第 1 塔北门

图 7 印度桑奇第 1 塔东门的树下天女像

态生动、逼真。还有一种与守护神作用相似的天女雕像，在第 1 塔的东门第三横梁一端的下方就刻有一尊，被艺术界称为"树下夜叉女像"。这位天女的右肘挽着树干，左手向上握着树冠，将左腿弯曲到右腿的后面，展示着一种娴雅的姿态，是印度早期佛塔雕刻中的杰作（图 7）。（3）佛传故事，大部分雕刻在门柱横梁的正面与背面，主要表现的是释迦牟尼从诞生到涅槃的故事情节。

在栏楯柱的雕刻中，巴尔胡特大塔是最为著名的（图 8）。栏楯由三个部分组成，栏楯柱的下端直接埋在地下，在一个个栏楯柱之间是横放着的贯石，它的横断面是梭形的，而柱的顶端再架着笠石，这样就构成了一个环绕覆钵丘的栏楯。在栏楯各部分的外露面上几乎都布满了浮雕，一般在紧靠塔门的栏楯角柱面上以高浮雕的形式雕刻出夜叉、天王和其他人物等；在立柱和贯石的表面刻出动物和植物的纹饰，也有佛传和本生故事等；在笠石的表面则刻有莲花和蔓草图案。在这些浮雕中还穿插了不少的神像，其中有丰收女神修利玛、丰收树神丘拉可加等，它们都是古代印度传统信仰中的女神形象。

图 8 印度加尔各达博物馆藏巴尔胡特大塔的残存栏楯和塔门

（4）佛本生故事，就是指释迦牟尼的前生故事。佛教认为：人世间的一切生灵都是处于往复循环的轮回之中的，轮回的道路有六种，即天、人、阿修罗（魔鬼）、地狱、饿鬼、畜生。释迦牟尼在成佛之前也不例外，当他涅槃以后，才真正达到了不生不灭的境界，永远摆脱了人世间的轮回苦难。所以，涅槃也是佛家弟子们所追求的最高目标。所不同的是，佛祖在前生不论曾经是作国王、太子、平民百姓，或者是猴、鹿、马、象等动物，他在人世间的行为无不是大智大勇、慈悲施舍、以救度众生为己任的，他的事迹就是佛教信徒们修行和行为准则的光辉典范。这里的本生故事就是表现这样的思想主题。

现代人对释迦牟尼的故事多少还有一些了解，但对于佛传的艺术表现形式就所知甚少了。巴尔胡特大塔中的佛传故事内容，都是在栏楯柱上的圆幅面和方幅面中出现的，有释迦的母亲摩耶夫人梦见白象托胎、释迦降魔成道、释迦在帝释窟说法、给孤独长者布施祇园、佛自忉利天降下等故事情节。有的是一幅雕刻表现一个情节，有的则是几幅雕刻反映同一个故事场面。由于篇幅有限，这里只重点向大家介绍一幅"祇园布施"的故事雕刻。

这是一幅雕刻在栏楯柱圆幅面上的故事，画面中雕刻着象征性的树林、房屋，

图 9 印度加尔各达博物馆藏巴尔胡特大塔出土的"祇园布施"故事雕刻

在庭院之中有几位男女人物正忙碌着，有的怀抱水壶，有的正在用金砖铺地，好一派欢乐的劳动场面（图 9）。在唐代高僧玄奘（602～664 年）的《大唐西域记》第 6 卷中详细地记载了这个动人的佛传故事：

古印度的室罗伐悉底国军胜王（即波斯匿王）的大臣善施，是一位仁慈聪敏、经常救济孤老穷人的长者，被人们尊称为"给孤独"。当他听说了释迦佛祖的功德之后，立即产生了无限的崇敬之心，打算建造一座精舍请佛前来居住。释迦牟尼就派弟子舍利弗跟随善施去选择察看建立精舍的地方。看来看去，他们发现只有太子祇陀的园林地势高爽，环境优美，便去请求太子把这个园林卖给他们。太子开玩笑说："我可以把园林卖给善施，条件是必须要用金砖布满园中的地面。"善施听后毫不在乎，就派人把自己所有的金砖取了出来，按照太子的话一块块地在地面上铺了过去。眼看就要用黄金布满地面了，太子急忙请善施住手道："请给我也留一片修善植福的地方吧。院子就卖给你了，请把树林保留下来，算作我的施舍吧！"就这样，一座崭新的精舍在太子的园林中建立起来了。释迦来到这里，告诉弟子阿难说："这个园地是善施买的，树林是祇陀太子施舍的，这项功德是他们二人同心协力建立起来的。从今以后，就把这里叫'祇陀太子树给孤独园吧'！"

栏楯上的这幅雕刻表现的正是善施与祇陀太子观看众人以金砖铺地的情节，这个故事也是佛教历史中众生布施的范例，给在家的佛教信徒们树立了光辉榜样。有趣的是，所有这些表现释迦事迹的故事雕刻，却又都不出现佛的形象，只是用一些象征物来表现佛的存在，与我们概念中佛教偶像崇拜是大不相同的。比如，用菩提树表示释迦成道，用法轮表现释迦在说法，用佛座或足迹表示释迦就在眼前，用佛塔表示佛祖已经入涅槃了，等等。为什么会是这样呢？这是与当时流行的所谓小乘佛教的思想密切相关的。小乘佛教认为佛只有释迦牟尼一人，他是超人间的特殊存在，是不能用普通凡人的形象来表现的。小乘佛教严格地奉行着释迦牟尼最为原始的教义，而释迦本人也是不提倡偶像崇拜的。佛祖形象的最早出现是在公元前后大乘佛教形成以后，是大乘佛教的众生皆能成佛的思想与中亚犍陀罗地区传统的制作神像思想相结合的产物。所以，透过印度早期佛塔雕刻的面纱，我们可以从形象上了解一些佛教最原始的理论。

在以后的历史发展中，我们将会看到阿育王独创的广建佛塔的思想与精神，是如何一步步扩散到中亚、东亚与南亚、东南亚各地区的。

大乘佛教兴起了

公元 1 世纪前后，在印度的西北和南部地区逐渐兴起了大乘佛教思潮，它是相对于前期的原始与部派佛教而言的。这里的"乘"就是"乘载"或"道路"的意思，大乘佛教的推行者们认为他们的理论与说教将众生引导到幸福的彼岸世界更加方便，并将以前的原始与部派佛教统统贬称为"小乘佛教"。大乘佛教的经典主要有《般若经》《法华经》《华严经》《维摩诘经》等，他们主张佛绝不仅仅只有释迦牟尼一人，在过去、现在、未来的世界里，在上下四方四维的空间领域内，都有着无量无数的佛，像阿弥陀佛、弥勒佛、药师佛等等，他们都是各方世界和极乐国土的主宰者。他们宣扬着佛祖大慈大悲、普度众生的思想，给佛教信众们指引了一条以往生佛国净土为修行最高目标的光明大道。从此以后，人人都能成佛的思想就开始深入人心，而佛祖在人们的心目中也就不像小乘佛教所宣扬的那样可望而不可即了。

大乘佛教思潮首先引发了佛陀形象的诞生，进而在为现世求得解脱而布施、施舍、造功德等宗教观念的影响下，建造寺院、佛塔，雕塑、绘制佛像的做法也比以前更加兴盛了。因为在大乘佛教看来，这些佛教实物的创作与修建活动，就是在为信徒们自身建造福田，从而为他们铺平通往西方极乐世界的道路。于是，佛塔的建造也就愈演愈烈了。

　　2世纪中叶~3世纪初叶，是印度沙多婆诃那王朝势力最强盛的时期，在南印度从东海岸到西海岸的广大地区都属于它的统治范围，阿玛拉瓦提大塔（Amaravati stupa）是这个王朝为我们留下的最为著名的佛塔建筑。大塔遗址位于南印度东海岸克里斯纳河下游南岸，原来是一座圆形的覆钵塔，第二次世界大战后，印度考古局发掘过大塔遗址，又在大塔旁建立了考古博物馆，收藏并展出发掘出土品。英国人D.巴莱特依据最早的踏查记录和栏楯浮雕中的大塔图像，做出了大塔的复原图（图10）。它的直径约有50米，根据复原图我们可以看到它的大体样式仍然是阿育王时代以来的传统模式：在圆形覆钵丘的下面是圆形的台基，台基的外面是环形的礼拜道，宽约4米；礼拜道的外面围绕着石雕栏楯，高约3.5米，栏楯向着四面各开一口形成了塔门；在栏楯的表面、圆形台基外侧面一周与大塔覆钵丘的下沿一周都雕刻着装饰图案、佛教故事等。它的特别之处在于：在大塔覆钵丘下的圆形台基东西南北正对着四门的地方，各伸出了一个与台基等高的长方形台，在每一个台上都立着一列五个石柱，这是印度北方的覆钵形大塔所没有的。

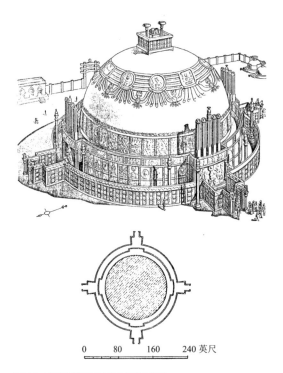

图 10 印度阿玛拉瓦提大塔复原图

　　它的名称应该是什么呢？古印度迦毗罗卫国（今尼泊尔境内）人佛驮跋陀罗（359~429年）在东晋建康（今江苏南京）道场寺与高僧法显（337~422年）共同翻译的《摩诃僧祇律》第33卷中记载说：释迦牟尼佛当年曾经为过去的迦叶佛修建了一座塔，最下面的台基是四方形的，周围树立着栏楯，在覆钵丘的四周伸出方牙，塔顶设有盘盖与相轮等。看来，阿玛拉瓦提大塔的这种设置应该就是经典中所说的"方牙"了。不过，这座大型的佛塔在当初修建之时可能花费了较长的时间。在考古发掘中，由于发现了有的大塔石雕刻有被重新切割改雕的痕迹，因此有的学者认为：阿玛拉瓦提大塔最初是建于公元前的某个时期，到了2世纪才被大规模地增修成了上述的样子。这个说法是有一定道理的。

在阿玛拉瓦提大塔的雕刻中，佛像首先出现在了佛传的浮雕中，在圆形台基的一周表面上，还雕刻着一圈单体的立佛像。与北方早期佛塔最大的不同是，信徒们在环绕着这座大佛塔做礼拜活动时，可以边走边瞻仰佛祖的形象了。

3世纪中叶，沙多婆诃那王朝衰落了，南印度东海岸的安德拉地区被伊克斯瓦库王朝所控制，于是，和阿玛拉瓦提大塔齐名的南印度又一处佛教圣地便应运而生了。那迦留纳昆达也位于克利斯纳河的沿岸，和阿玛拉瓦提相距约有80千米，在3世纪中叶~4世纪中叶，这一带曾经是伊克斯瓦库王朝的都城，已经发现的许多大塔和寺院都是在王室的支持和保护下修建起来的。由于著名的大乘佛教高僧龙树（约150~250年）曾在这里居住过，因此才将这里取名为那迦留纳昆达，就是龙树山的意思。

在那迦留纳昆达的遗址中心有一座大型的覆钵塔，被称为那迦留纳昆达大塔。从考古发掘出的碑文得知，大塔的建造者是维拉普鲁萨达特，他是伊克斯瓦库王朝创始人卡姆塔姆拉的儿子。大塔的台基是圆形的，直径有27.7米，它的框架是以砖砌成的。台基环绕塔心有三道同心圆砖墙，砖墙的中间用呈放射状的隔墙连接着，这样可以增强圆形墙的稳固性。砖墙之间的空格再用风干的泥砖填实。台基的四方也各伸出一个长方形台，台上都有五根立柱，即为方牙。台基的中间是圆形的覆钵丘，台基的四周则是圆环形的礼拜道和栏楯，在四方各开着一门。可以看出，它的大体样式是和阿玛拉瓦提大塔相同的。在遗址内还有其他的覆钵形塔址，都是和那迦留纳昆达大塔相似的结构与形状。

在巴基斯坦北部的塔克西拉附近有一座达摩拉吉卡大塔，它的台基也是类似的轮形结构（见图4）。有趣的是，当时的罗马帝国所修建的皇室陵墓和宗庙，有的台基也是采用类似的轮形结构进行砌筑，如奥古斯都大帝的陵墓就是如此。东西方两大文明古国的这种巧合也许并不是偶然的，因为早在公元前4世纪，希腊马其顿的亚历山大大帝（公元前356~前323年）所率领的远征军就曾经一度占领过中亚大部分地区乃至印度今天的旁遮普邦一带，并给印度西北部的艺术带来了深远的影响。

320年，印度笈多王朝的第一代国王旃陀罗笈多（？～335年）即位，从此这个王朝便开始了军事扩张行动。他们首先占领了整个恒河中游地区，进而占领了整个中印度。在王朝最强盛的时候，他们的疆域东起恒河入海口，西到阿拉伯海。5世纪中叶，笈多王朝的国势开始衰落，不过到了7世纪初期，著名的转轮圣王戒日王（589～647年）又再次统一了北印度，唐朝的高僧玄奘（602～664年）就是在这个时候前去印度求法取经的。这三百多年的时间，是印度历史上佛教发展最为兴盛的时期，在佛教的理论与艺术方面都有着辉煌的成就。

在笈多王朝时期（319～550年），佛教徒们在佛教圣地兴建了一些高塔，这种高塔与以往低矮敦实的圆形覆钵塔大不相同。比塔尔刚就有一处这样的高塔，用砖砌筑而成。它的下面有高大的台基，平面大体呈四方形，其中三面的中部向外突出，而另一面的正中则向内挖空修建了一个小佛堂，这个小佛堂是由方形平面的前室和正厅两部分组成的。这座高塔建于5世纪，塔身只保存着下部，从现存的迹象来看，塔身的上部原来有收分，在塔身的每一层都开了许多个拱形楣的佛龛。

无独有偶，在释迦牟尼成道处的佛陀伽耶也保存了一座著名的高塔，过去曾被人们称为"佛陀伽耶精舍"。这座塔最初可能建造于笈多时期，而我们现在看到的则是19世纪大改建以后的形状。关于佛陀伽耶高塔的原始形制，我们可以通过当时的浮雕塔了解大概的情况。在巴特纳近郊的库木拉哈尔曾出土了一块圆形的浮雕石板，它在当时是作为供品用的。这块石板的中心刻着一座浮雕高塔，共有五层。第一层很高，在圆拱形的塔门内刻着一尊坐佛像，以上的四层间都排列着五个拱形楣佛龛，向上有明显的收分，塔的顶端另有一个小覆钵塔，由覆钵体、相轮、伞盖所组成。当年的佛陀伽耶高塔也许就是这样，玄奘曾经朝拜过它，并在《大唐西域记》一书中记载它的高度是"百六七十尺"，相当于40米左右。另外，在萨尔那特（Sarnath）也曾经发掘过一座高塔的遗址，塔基的平面是方形的，边长约有20米，它的基本形制与比塔尔刚的高塔相同，也是在笈多时期建造成的。

萨尔纳特的鹿野苑是释迦牟尼第一次说法的地方，那里也保存了许多笈多时

图 11　印度萨尔纳特佛塔与寺院遗址

期的佛教建筑，其中最为著名的就是法轮塔（图 11）。这座塔建有圆形的高台基，
有 32 米高，表面用大石条砌筑而成，并且做成了八个仰莲瓣，每个莲瓣的中心都
有一个佛像龛；圆形台基之上是圆柱形的塔身部分，最上面是一个覆钵丘。塔身
和覆钵丘都用砖包砌。这座塔属于覆钵式一类，但它的形制比阿育王时代开始流
行的那种大塔已经明显地向着细高发展了。

　　另外，笈多时期还流行一种方形台基的覆钵式塔，如位于古雅拉特的德夫尼
莫里一座约建于 4 世纪末，位于辛德附近的米尔普哈斯一座约建于 5、6 世纪。这
两座塔的方形台基边在 20 多米，台基的上面还有方形的重层台，再上面是一个覆
钵丘，基本是用砖砌而成的，内部填充着风干的泥砖。这种覆钵式塔可能与中亚
犍陀罗地区流行的同类型塔有关。

　　戒日王死后，北印度又陷入了混战的局面，直到 740 年在孟加拉地方兴起
了波罗王朝（8～12 世纪）为止。波罗王朝的统治地区在今天的印度比哈尔邦

图 12 印度那烂陀寺大塔

（Bihar）和孟加拉国一带，8 世纪末和 9 世纪前半叶是它的最盛期。这个王朝所拥有的国土虽然不大，但由于它的历代国王都极为热心地保护和推广佛教，所以也就成了佛教在印度的最后根据地，并且对中国的内地以及尼泊尔和东南亚各国都产生了积极的影响。波罗王朝时期佛教信仰的特点就是密教的流行。密教又称作秘密教，是 6 世纪在印度出现的一种佛教派别。它是大乘佛教、印度教和婆罗门教相结合的产物，以高度组织化的咒术、仪轨等为主要特征，向佛教信众们宣传只要口诵真言咒语（语密），手结契印，即摆放成各种规定的手势（身密），心作观想（意密），三密同时相应，就可以"即身成佛"了。这比起以往的念诵烦琐的佛经与艰苦的修行来说，成佛方法显然要方便得多了，因此很快在印度拥有了众多的信徒。到了 8 世纪，密教就成为印度佛教的主流了，并且一直持续到了 12 世纪。由于王室对于佛教的大力支持，印度密教流行时期内的佛塔建筑不仅继续发展着，而且还有了一定的创新。

那烂陀寺，是当时闻名于亚洲的佛教教学中心，许多国家的僧人都曾来到这里学习佛法。在寺院西侧的佛堂南端，建着一座大高塔，是整个寺院早期的礼拜中心（图12）。从考古发掘的情况得知，这个大高塔曾经被扩建过七次，其中在第五次进行扩建时，不仅修建了宽大的塔基平台，还在平台的四角各建了一座小高塔，现在位于东南角和东北角的两个小高塔仍然保存着。小高塔的下部各层为方形，而上部各层却是八边形。在四个小高塔之间有墙连接着，墙的外侧布满了佛像龛。大高塔的顶部在最后一次扩建时造了一座佛堂，只占了塔顶的南半部。大高塔全部是用砖砌成的，在塔的北侧各有一个登临塔顶和塔基平台的阶道，是不同时期修建成的。大高塔的周围还有数十个大小不一的供养砖塔，建造时间也各不相同，其中属于波罗王朝晚期的居多数。那烂陀寺西侧的一列佛堂的建筑样式也是五塔式的，以第12号佛堂为代表，它修建在一座方形的台基之上，台基中心是一座方形的高塔，在塔内的中心建有佛堂，台基的四角处各建了一个小高塔，每个小高塔的中心也开了一个佛堂。这些佛堂则是那烂陀寺后期的礼拜中心区域。

　　我们在前面提到的佛陀伽耶大精舍相传是在526年建成的，但现存塔的形制却是经过12、13世纪和19世纪两次大修后的结果。有趣的是，在这座高塔台基的四角部位也分别建了一座小高塔，拱卫着中央的方锥体多层大高塔，大高塔的中

图13 印度佛陀伽耶大精舍

图 14 印度佛陀伽耶大精舍院内的部分小塔

心也开出了佛堂，塔刹被做成了一座小型的覆钵式塔（图 13）。这种五塔相组合的形制，就是"金刚宝座式塔"。

在密教的世界里，最受信徒们尊奉的释迦牟尼的法身像 —— 大日如来居于中心地位。在他的四周，按着东西南北的方位，分别有阿閦佛、阿弥陀佛、宝生佛、不空成就佛在主其事，在这四位佛的周围，还有各种菩萨的变化身和呈愤怒相的明王护卫胁侍着，它们共同组成了一个完整而严密的密教神祇崇拜体系。由五塔组合而成的金刚宝座式塔，就和这种密教五方佛崇拜存在着极为密切的关系。

在波罗王朝时期内，前朝所流行的覆钵式塔仍然具有着重要的地位，这方面我们可以从佛陀伽耶保存至今的许多供养小塔身上了解当时这种塔型发展的大体情况（图 14）。这些供养小塔的台基都比较高，它的平面是在方形的四边向外突出多重，形成了大体的"十"字形平面。塔身的覆钵丘已不再是以前那种半球形的了，而是侧面较直，向上渐大，顶部平整，很像一个覆盖着的敛口钵体。塔身的上部有多重的相轮，向上渐小，形成了一个圆锥体。在有的大高塔顶部就装饰着这种覆钵式塔。

12世纪中叶，波罗王朝被德干高原（Deccan）的色纳王朝消灭了。由于色纳王朝奉行的是伊斯兰教，佛教也就不可避免地走上了衰亡的道路。13世纪初期，阿拉伯的伊斯兰教势力侵占了全印度，佛教便彻底溃灭了。而在印度以外的中国、东南亚等地区，佛教的香火至今仍然是旺盛不衰。如果没有印度这一千五百多年间佛教艺术的繁荣，也就不可能造就出中国灿烂多姿的佛教文化艺术现象。我们应该首先了解这些位于南亚次大陆地区的佛塔发展历程与基本样式：覆钵式、多层高塔式、金刚宝座式等等，它们正是中国古代宝塔修建的蓝本与思想所在。

支提——佛陀崇拜的象征物

一般中国人对敦煌、云冈、龙门这三大石窟是并不陌生的，因为这三个伟大的佛教艺术宝库正是中国古老文化艺术成就的象征。这种石窟寺艺术也是从古代的印度起源的，在它刚刚诞生的时候，就和佛塔有着不解之缘。

印度现存最早的石窟寺，是比哈尔邦加雅城北部的巴拉巴尔石窟群，大约是在公元前3世纪的孔雀王朝时代开凿出来的，著名的洛马斯里什窟（Lomas Rishi）和苏达马窟（Sudama）就是其中的代表作。孟买地区的玛哈卡里（Mahakali，也叫Kondivite）石窟群的第9窟也是同类型的早期塔堂窟（图15）。这些石窟的平面一般是长方形的，顶部是纵券形，窟的最里端一般为椭圆形，这里通常是安置一个覆钵形塔，信徒们可以环绕着这座塔做礼拜活动。巴拉巴尔和玛哈卡里的这些早期塔堂窟都不是佛教徒的，而是属于被佛教贬称为"邪命外道"的生活派教徒的修行窟。窟内的塔有圆形的台基和台基上的覆钵丘，这正是生活派教徒的崇拜物。时隔不久，这种塔堂窟的基本构想就被佛教徒

图 15 印度孟买玛哈卡里石窟第 9 窟

们接受了，于是一座座宏伟壮观的崖中佛殿便应运而生了。

　　印度早期的佛教石窟寺开凿在公元前 1 ~ 公元 2 世纪，相当于沙多婆诃那王朝时期。而晚期的石窟寺时代则是从 5 ~ 8 世纪，相当于笈多王朝及其以后的一段时间内。这些石窟大部分集中在西印度德干高原的山中，特别是今天的孟买附近。巴雅（Bhaja）、贝德萨（Bedsa）、卡尔拉（Karli）、纳西克（Nasik）、阿旃陀（Ajanta）、埃罗拉（Ellora）等等，都是当时著名的石窟寺群。每个石窟群在组合搭配上都是有规律的，一般是若干供僧人们居住的僧房窟围绕着一个塔堂窟，而塔堂窟正是佛教徒们进行礼拜与讲经说法的佛殿，是进行集体佛事活动的场所。标准形制的塔堂窟设施是这样的：主室大厅平面呈长方形，内部空间高大宽敞，最里端凿成半圆形，中间安置一座覆钵形的佛塔，环绕着佛塔和大厅的两侧凿出了列柱，在列柱与窟室墙壁之间就形成了一个礼拜道，以供信徒们做绕塔礼拜。塔堂窟里的佛塔都是直接从岩石中开凿出来的，里面不可能藏有佛的舍利子，这种

图 16　印度巴雅石窟第 12 窟

塔就是我们在前言中曾经提到的"支提"。

印度佛教塔堂窟的宗教功能，实际上和早期的覆钵大塔是基本相同的，佛教徒们只不过是将露天的绕塔礼拜活动转移到崖中的殿堂内来进行罢了。因此，支提也就象征着佛祖的真身舍利宝塔，象征着释迦牟尼的存在，它的形制及其演变规律，同样是我们了解宝塔建筑发展历史的重要依据。

印度早期佛教塔堂窟中的石塔都是平面圆形的覆钵式塔，结构简单，造型朴素。巴雅石窟第 12 窟是一所塔堂窟，其中的佛塔只有

图 17　印度阿旃陀石窟第 10 窟

一层台基，上面的覆钵丘是低矮的半球形，大约是在公元前 2~前 1 世纪建造成的（图 16）。与它的形制相仿、年代接近的塔堂窟有皮塔尔阔拉（Pitalkhora）第 3 窟，昆达诺（Kondane）第 1 窟，阿旃陀第 10 窟，奥兰伽巴德（Aurangabad）第 4 窟等，不同的是，阿旃陀第 10 窟中的佛塔台基是两层的（图 17）。纳西克的第 18 窟也是一所塔堂窟，它建成于公元前 1~公元 1 世纪之间，窟内的佛塔覆钵丘已经超过了半球形，相似的塔例还可见于阿旃陀的第 9 窟和贝德萨的早期塔堂窟，而后者覆钵塔的台基也已经是两层了。卡尔拉石窟中的塔堂窟最为宏伟，长 37.9 米，宽 13.9 米，窟内的覆钵塔有两重台基，覆钵丘呈半球形，上面安置着平头和伞盖，都是早期原有的遗物，时代大约在 2 世纪的上半叶（图 18）。坎黑里（Kanheri）塔堂窟中的佛塔有着较高的两层台基，上面的覆钵丘也已超过了半球形，时代属于 2~3 世纪期间。可以看出，这些早期塔堂窟中的佛塔是由一层台基的低覆钵塔向着二层台基的高覆钵塔发展演变的。

7 世纪的上半叶，唐代著名高僧玄奘游历了印度的摩诃剌侘国，回国以后，

图 18 印度卡尔拉塔堂窟

在他的《大唐西域记》第 11 卷中记载道：这个国家的东境有座大山，山岭重叠，峰嶂连绵，有座寺院建立在幽深的山谷里，高高的殿堂、深邃的屋宇，开通山崖而枕在峰上。一重重楼阁与台榭，背着山岩，面临着沟壑，这是阿折罗阿罗汉建造的。这位罗汉是西印度人，当他的母亲逝世后，他观察到母亲是在这个国家轮回转世成了女人，于是就来到了这里教化众生，为了报答母亲的养育之恩，就建造了这座寺院。

玄奘记载的这座岩中佛寺，就是今天的阿旃陀石窟。在第 26 窟的前庭正壁就有高僧阿折罗（Achala）的建窟铭记。而阿旃陀石窟的第 19、26 窟都是塔堂窟，也是印度后期塔堂窟的杰作。两窟中的佛塔台基被大大升高了，是为了便于在台基的正面开出大佛龛，从而在龛内雕造佛像，台基的上面是椭圆形的覆钵丘，再上面是平头和向上渐小的多重伞盖，伸向了洞窟的顶部。与早期的支提塔相比，后期的造型显得修长而秀丽，装饰也比从前繁缛了。更重要的是，早期作为佛祖象征物的支提，被主尊佛像与所依附的覆钵塔所取代了。这种在塔的正面开龛造像的做法并不是印度石窟中原有的传统，而很有可能是从中亚的犍陀罗地区传入的。

　　埃罗拉石窟中的第 10 窟是规模较大的塔堂窟，窟内佛塔的台基如同一座高大的圆柱，上面的覆钵丘已变成了扁圆低矮的球形，平头也被刻成了四出方形；在台基的前面伸出了一所高大的倚坐佛像龛，主佛的身体两侧各有一身胁侍立菩萨像。很显然，佛塔前面的倚坐佛像，就是这所洞窟中的主要崇拜对象（图 19）。

　　印度塔堂窟中的支提虽然并不属于埋葬释迦牟尼真身舍利的宝塔，但它却形象地反映着印度古塔的原有形貌，并且对中国古代支提式石窟（即中心塔柱窟）的建窟思想，以及中国古代早期佛寺的布局，都产生了深远的影响。

图 19 印度埃罗拉石窟第 10 窟

从印度河到阿姆河

中亚地区，指的是以帕米尔高原为中心，包括中国新疆的天山南北，哈萨克斯坦的巴尔喀什湖和哈乌边境的咸海以南，阿富汗的东部和北部，以及巴基斯坦东北部的广大地区。这里不仅是东方的中国、印度、波斯文明和西方的希腊、罗马文明的荟萃地，也是中国古代与西方沟通的主要桥梁。

中亚地区现存最早的佛塔是在公元前 3 世纪时建造的，和印度早期一样，也是埋藏佛舍利的覆钵塔，分布在阿富汗南部和巴基斯坦北部。而佛塔在中亚的兴盛则是开始于贵霜王朝（55 ~ 425 年）时期。贵霜原来是中国古代史中的大月氏人，原先居住在甘肃西部，到了公元前 2 世纪，由于受到强悍的匈奴族的侵扰开始向西迁移，来到了阿姆河流域。月氏人共有五个部落，1 世纪 40 年代，五部落中的贵霜部落首领丘就却统一了这些部落，向西征服了阿富汗地区，并且向南扩张到了印度旁遮普的北部。贵霜的第二代国王阎膏珍（？~约 129 年）时代，贵霜王朝的势力发展到了印度恒河流域、新疆塔里木盆地的西部。它的第三代国王迦腻色迦（约 127 ~ 151 年在位）是佛教史上可以和阿育王齐名的转轮圣王，他大约执政于 2 世纪中叶，贵霜帝国完全据有了中亚和印度的恒河流域，国都设立在伯格拉姆和白沙瓦。迦腻色迦王逝世以后，贵霜的国力就开始逐渐衰落了，5、6 世纪，贵霜王朝被白匈奴人消灭。贵霜人在中亚地区五百多年的活动，造就了融汇周边古老文明的丰富多彩的文化，也为我们今天留下了大量的佛教建筑遗址。

当时贵霜王朝统治的中心是犍陀罗（Gandhara）地区，它以巴基斯

图 20 巴基斯坦白沙瓦博物馆藏迦腻色迦王青铜舍利容器

图 21　巴基斯坦士瓦特大塔

坦北部的白沙瓦为中心，西北到达阿富汗东南部的哈达，东南到印度河东岸的塔克西拉（Taxila），北面可到巴基斯坦北部的士瓦特（Swat）。这一带时代较早的佛塔，有位于旁遮普邦的玛尼克亚拉塔，它的覆钵丘比较低矮，基本是继承了印度早期的传统。后来，覆钵式塔的覆钵丘就开始逐渐升高了。在白沙瓦东南方的沙基克代里镇有一个古塔遗址，就是迦腻色迦王在位时亲自倡议建造的，被人们称为"迦腻色迦王大塔"，中国东晋的高僧法显（334～420 年）和唐代的玄奘都曾经记载过这个大塔，并且把它称作"雀离浮图"。19 世纪，考古专家们曾经发掘了这个古塔的基址，发现它的台基是四方形的，每边的长度可达 87 米，还分别向四方伸出了台阶，我们可以想象当年的规模是多么的宏伟壮丽。在塔基的中心还挖出了一个刻着迦腻色迦王名字的铜质舍利盒（图 20），但塔基以上的形状我们却不清楚。士瓦特覆钵形大塔的圆柱形塔身和覆钵保存基本完好，但再向上的部分就不清楚了（图 21）。位于哈达的覆钵形砖塔也拥有方形的台基和圆柱形的塔身，塔身的表面分三层做出了立柱、横梁与坐佛像，而覆钵丘及其以上部分都已损毁无余了。

图 22 巴基斯坦罗里延唐盖出土供养石雕塔示意图

图 23 巴基斯坦士瓦特赛都大塔出土的塔形舍利容器

　　不过，在犍陀罗境内还保存了许多供养用的小塔，可以帮助我们推想大塔的原有风貌。如在巴基斯坦罗里延唐盖出土的一座供养塔（图 22），塔下有方形的台基，台基的上方是圆柱形的塔身，在塔身的表面四周分布着三层雕刻，下面的两层是佛像龛，上面一层是菱形格状的纹饰；塔身的上面是大体呈半球形的覆钵丘，覆钵丘的表面有浮雕的覆莲瓣，并且向着正面伸出了一个佛像龛；覆钵上的平头呈倒置的梯形台，平头的上方有七重伞盖，向上渐小，呈圆锥形。巴基斯坦士瓦特的赛都大塔（Saidu stupa）还曾经出土过一个塔形舍利容器（图 23），这个小型石雕塔大约制作于 3、4 世纪，高 16.1 厘米，在多半球形的覆钵式塔身下部，有圆形束腰叠涩的台基和塔座，上沿都装着一周建筑构件；覆钵式塔身表面以线刻的方式装饰着一周双层覆莲瓣，覆钵上部是圆形的刹杆与向上渐小的六重相轮，组成塔刹。迦腻色迦王大塔的原貌很有可能就是这种样子，它与在印度流行的圆形台基覆钵塔是大不相同的。因为犍陀罗地区的覆钵形塔没有像印度中部

图 24 左：巴基斯坦契拉斯 2 号岩礼拜覆钵塔摩崖刻画；右：巴基斯坦塔尔潘的礼拜高台覆钵塔摩崖刻画

那样设立栏楯和塔门，并且把浮雕转移到了台基和圆柱形塔身的四周表面。大塔的四周围建有佛堂，这样就形成了犍陀罗地区所特有的以塔为中心的寺院布局形式，后来，这种佛寺布局形式还传到了印度和中国。

中巴公路，又称喀喇昆仑高山公路，也是汉代以来沟通中国与中亚地区商业往返的古老通道，它由新疆塔里木盆地西南部的皮山县向西南，经过红其拉甫山口进入巴基斯坦境内的洪札河谷、吉尔吉特河谷和印度河谷，最后到达白沙瓦、士瓦特以及阿富汗喀布尔河中下游地区。公路途经的河谷两侧的岩石，是刻凿岩画的绝好材料：只要敲击掉深色的岩石表层，就能露出里面的淡色石质，而且里面的岩石即使经过几千年也不会再变为外层的深色。经过千百年来过往商旅们虔诚地制作，为我们留下了大量的古代岩画作品，其中的主要题材就是覆钵塔和信徒们对佛塔的礼拜，它们也是反映中亚佛塔建筑的好材料。

在巴基斯坦印度河谷的契拉斯有一幅信徒礼拜覆钵塔的摩崖刻画（图 24：左），这座覆钵塔的下部有圆形的台基，正面有登上台基的台阶；台基上面建有覆钵丘，周围设立了栏楯和环形的礼拜道，在栏楯的正面开了一个塔门；覆钵丘呈大半个球形，在腰部装饰着水平直线与波状线；覆钵丘的顶部是平头与三重相轮。可以看出，这座佛塔带有浓厚的早期印度佛塔色彩，它的时代大约在 1～2 世纪。

这段时期的岩刻佛塔顶部还往往刻出了飘扬的双幡，在佛塔前面做礼拜的人物有僧侣、骑马的旅行者等。幡是用布或丝织物做成的条形装饰，佛塔上的悬幡是专门作为一种供具以祈求佛祖保佑的。这种做法也是从印度起源的，据唐代僧人道世编撰的《法苑珠林》的记载：阿育王曾经在众佛塔上悬幡，延长了自己25年的寿命。唐代僧人玄应（？～约661年）编撰的《一切经音义》又记载说：西域各国没有树立幡竿的习惯，都是在塔的覆钵柱头来悬幡。这种做法以后也传到了中国。

到了5～8世纪时，这些河谷中岩画的佛塔形制比以前有了变化：覆钵塔的台基普遍加高了，大部分是方形的，而且通常可以分成数层，台基的表面都有浮雕的龛、柱及其他装饰；台基和塔钵丘之间一般是两层的圆柱形塔身；覆钵丘的正面开出一个大佛龛，上面是平头和相轮，相轮的层数和高度都比以前有所增加，通常可以达到七重；在相轮的上部和下部一般都悬挂着飞扬的双幡。巴基斯坦塔尔潘的一幅岩画高台覆钵塔的形制就是这样的（图24：右）。

密教惯用的金刚宝座式塔也在这段时期以岩画的形式表现出来：五座塔是建立在两重台基上的，位于中心的覆钵形大塔正面有佛像龛，覆钵丘的上面有相轮，在台基的四角各建了一座小覆钵塔，也都各自据有两层台基，形制和中心大塔基本相同。在这五塔的右下方用中亚的婆罗米字母题刻下了东方佛的名字，这里供奉五方佛祖的用意十分鲜明。

饶有趣味的是，在河谷中分布密集的岩刻画中，还出现了由汉人题名的双层楼阁式塔岩画，而这种塔正是汉族地区所特有的佛塔样式，在下面

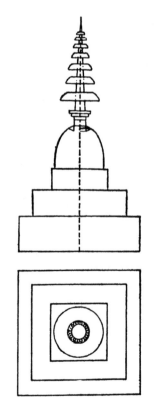

图25 乌兹别克卡拉切佩1号洞窟寺院壁画还愿塔复原图

我们将会更多地了解到它的历史与造型。

今天的阿姆河与锡尔河流域，主要是乌兹别克斯坦和哈萨克斯坦的所在地。卡拉切佩佛寺遗址，位于乌兹别克斯坦的南端，阿姆河的中游北岸，捷尔梅兹古城内的西北角。捷尔梅兹古城是在贵霜王朝时期修建的，卡位切佩则是一所由洞窟和房屋组合而成的庞大的寺院建筑群体。在 1 号洞窟寺院的一所小塔堂内有一幅还愿塔的壁画（图 25），表现的是一座具有三层方形台基的多半球形覆钵塔。覆钵丘上有平头和七重相轮，可以帮助我们推断寺院中的佛塔遗址原状。法雅斯切佩佛寺遗址位于捷尔梅兹古城的北郊，在寺院大门和佛堂的中轴线中间，建置了一座佛塔，塔的周围原来还有围墙，形成了塔院。这座塔最早是在公元前 1 世纪时建造成的，当时的规模比较小，到了迦腻色迦王时代将塔完全包裹了起来，重新建成了一座高约 10 米的大塔。如今，这座塔的后建部分已经大部分塌毁了，而原被包裹在内的早期塔却保存完好。它有着圆形的台基，台基上的塔身也是圆柱形的，用大石块砌成，直径约有 3 米多；塔身的上面是覆钵丘，它的表面有用石膏做成的白色莲瓣装饰；覆钵丘以上的装置已不存在了。

上面所提到的，只是在广大的中亚地区所发现的佛塔中的代表之例，而在贵霜王朝时期中亚所拥有的佛塔就绝不仅仅是这些了。中亚的古塔虽然是在印度古塔的影响之下才产生发展起来的，但它们既融汇了印度古老的建塔传统，也发展形成了自身的特点，主要是多层的方形塔基和环绕塔身的浮雕样式，而没有重点去发展古代印度佛塔周围的栏楯与塔门雕刻等。中亚是沟通中国与印度、欧洲交往的必经之地，也是对中国的佛教文化产生过重大影响的地区，在下面的小节中，我们就会看到中亚的佛塔样式将以一种新的面目出现在中国的大地上。

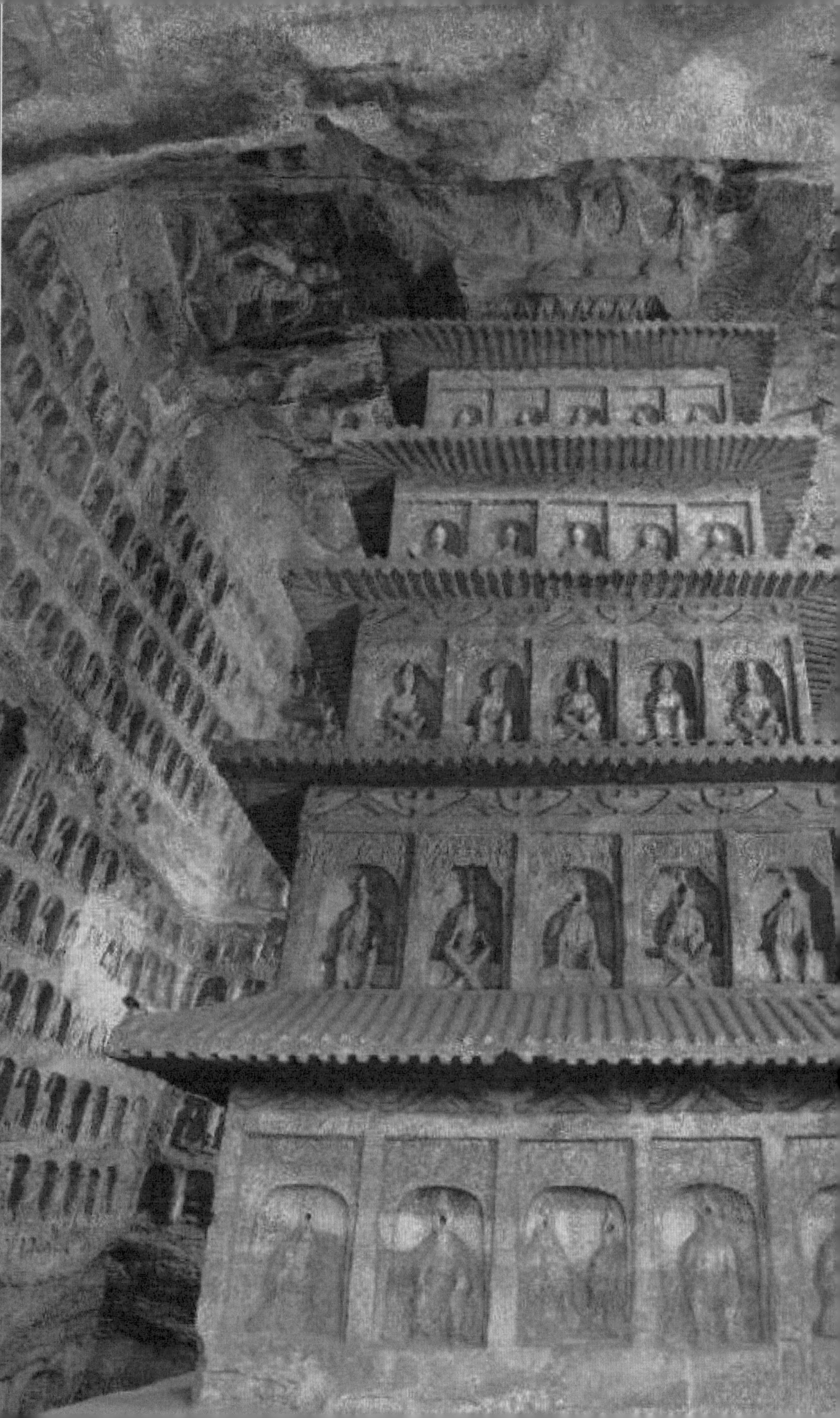

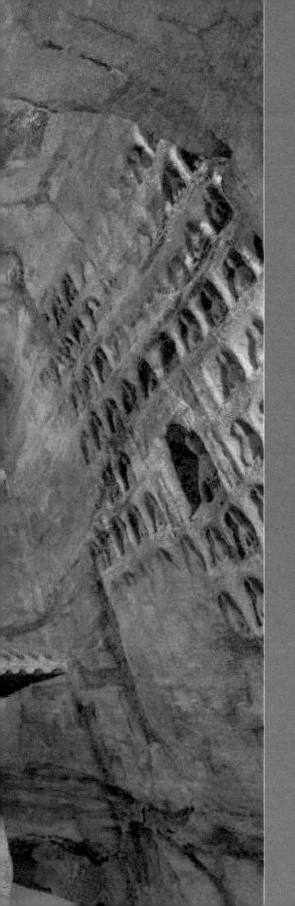

在坐禅观想的时代里

　　佛教在印度兴起之后，主要是经由中亚进入中国大陆，再以中国大陆为基地向朝鲜半岛、日本、越南等地区传播。这条传播线路上的佛教是以大乘佛教为主，最初的佛教经典是用印度的混合梵文来编纂的，以后又陆续在中国翻译成了汉文和藏文。由南向北传入这些地区的佛教就是佛教史上所称的"北传佛教"，而汉族地区是北传佛教发展的中心。在第二、第三章中，我们一起来看看北传佛教中汉族地区佛塔建筑的发展情况。

白马驮来的神州第一塔

　　关于佛教传入中国的时间，自古就以东汉明帝（57～75年在位）的感梦求法之说最为著名。相传，汉明帝有一天晚上做梦见到了一个身体高大的金人，头上闪耀着太阳般的光芒。第二天上朝时，汉明帝把这件事告诉了群臣。有一位大臣上奏道：在我们国家的西方有一位神，人们都叫他"佛"。他的身体据说有一丈六尺高，表面呈现出黄金色。我想，陛下梦见的，很可能就是这位佛了。汉明帝于是相信他确实梦见了佛，就派遣郎中蔡愔与博士弟子秦景等出使天竺（今印度），去了解那里的情况。

　　汉朝的使者行走到了大月氏国（即贵霜），遇到了天竺高僧摄摩腾和竺法蓝，获得了一些佛经和佛像。于是蔡愔、秦景等人就邀请天竺的高僧到汉朝去传法，他们用白马驮着佛经和佛像一同回到了东汉的首都洛阳。汉明帝一看到佛像，就说那正是他在梦中遇见的神人，不由得内心肃然起敬，立即下令在洛阳城的雍门西建造了一座白马寺，作为外国和尚们进行活动和生活起居的场所。

　　中国第一座佛寺——白马寺当年是什么样子呢？根据《牟子理惑论》《弘明集》《魏书·释老志》等历史文献的记载，我们可以了解一些大概的情况：白马寺以一座高大的九层楼阁式佛塔为中心，这座佛塔的平面为四方形，塔顶上树立着九重相轮，在塔的周围建有宽阔的周阁百间，信徒们可以环绕着佛塔做礼拜。在寺院的壁面上还绘制了"千乘万骑，绕塔三匝"的壁画，形象地描绘出了信徒们绕塔礼拜的盛大场面。由于当时的寺院是以佛塔为主的，所以，在佛教信众的眼里，寺就是塔，塔就是寺，而白马寺的塔下，相传就供奉着佛祖的真身舍利子。从此，白马寺的佛塔就作为神州第一宝塔的范本样式，对于周边地区及后世产生着深远的影响。以佛塔为中心的寺院布局形式，与古代印度绕塔礼拜的思想、中亚地区寺院的发现是一致的。北齐魏收（507～572 年）编撰的《魏书·释老志》中记载的白马寺"凡宫塔制度，犹依天竺旧状而重构之"，正好说明中国佛教的第一座寺院受到了印度与中亚的影响。

到了东汉末年，丹阳人笮融（? ～195 年）投靠了徐州牧陶谦（132～194 年），陶谦派他去管理广陵、丹阳之间的漕运工作。没想到笮融却动用公款大肆修建起了佛寺（浮屠祠），他的佛寺也是以一座楼阁式佛塔为中心，塔上也树立着九重相轮，塔内还供奉着黄金涂身、穿着锦衣的佛像，塔下周围的堂阁可以容纳三千人进行佛教活动。我们可以想象，笮融修建的佛塔，应该参考了一些白马寺塔的基本样式。

三国时期的曹魏也是在洛阳建都的。魏明帝曹叡（227～239 年在位）有些不信佛法，有一天他打算拆毁皇宫西侧的一座佛塔，当时在洛阳居住的外国和尚劝他不要这样做，当心冒犯了神灵。魏明帝不相信，让这位外国和尚当场证明给他看。外国和尚就取来一个金盘盛满净水放在皇宫的大殿前，将几粒佛舍利投入金盘水中，立即就有五色光芒自金盘中升起。魏明帝心服地叹道："如果不是灵异怎么会这样呢？"于是佛塔在曹魏国中兴建不衰，到了西晋时期，洛阳的佛塔建筑已增到了 42 所。

孙吴国开始修建佛寺是在 247 年，据南朝梁僧人僧祐（445～518 年）编撰的《出三藏记集》卷 1 记载，当时著名的佛教大师康僧会（? ～280 年）到吴国的首都建业（今南京）传教，吴大帝孙权（229～252 年在位）立即把他找去询问信仰佛教到底能有什么灵验。康僧会说，如来佛祖的遗骨舍利可以照耀四面八方。孙权不信，就对康僧会说，你如果能得到佛祖的舍利子，我就为你修建佛塔，大兴佛教。康僧会运用自己的神通果然得到了许多舍利子，使孙权大为叹服。于是孙权立即下令为这些舍利子修建佛塔进行供奉，还以佛塔为中心，建起了孙吴国的第一座佛寺——建初寺。

东汉三国时期的佛塔主要是木结构的楼阁式塔，它们今天虽然已经无迹可寻了，但我们却可以从当时上层社会住宅流行的多层楼阁建筑中了解一些大概的面貌。近几十年来，在东汉时期的墓葬中出土了不少陶制的庭院与楼阁，正是当时上层人士住宅的模拟写照。多层的楼阁一般位于主院的一侧，有的是三层，有的是五层，在甘肃省武威县雷台汉墓中出土的陶制楼院是最为壮观的一例，河北阜城桑庄东汉墓出土的五层绿釉陶望楼也是其中的精品。此外，还有山东高唐汉墓、河北望都汉墓、河南陕县汉墓等都出土过性质相同的陶制楼阁。这些多层陶楼阁的平面都是方形的，每一层都做出了屋檐，屋檐的下面则是仿木建筑的立柱、斗栱等。

上层社会中流行的这种多层楼阁建筑，除了可以进行瞭望，起着防御的作用之外，还应该同当时社会上流行的神仙道术信仰有关。神仙喜好高居于楼阁之上，是当时社会上人们最一般的神仙世界观念。佛教刚刚从西方传来的时候，人们对于佛法并没有真正理解，而是把释迦牟尼也当成神仙中的一种来加以信仰。汉明帝的异母弟楚王刘英（？～71年）就曾经把道家的始祖老子和佛放在一起祭祀供奉，因为在他的眼里，西方的佛教和当时社会上流行的神仙道术差别并不算太大。所以，我们推测东汉三国时期的佛塔是仿照世俗社会宅院中的楼阁来进行修建的，在外表的形状上应该有一定的相似性，但在塔的顶部却安装着来自西方的塔刹相轮。

这个推测被考古发现的一件罕见的陶楼阁所证实了。2008年，在湖北襄阳市樊城区东汉至三国时期的蔡越墓地M1清理出土了一件黄褐釉陶楼阁，是由门楼、墙院和两层楼阁组成的长方形单进院落，基本形制和一般的汉代陶楼阁或院落相似。它的特殊性

图 26 湖北省襄阳市博物馆藏东汉～三国黄褐釉相轮陶楼阁（采自《文物》2010 年第 9 期）

在于，这座陶楼的顶上安置着一组七重向上渐小的相轮作为塔刹，最上面是一个弯月（图 26）。很显然，它是由汉式的陶楼和印度式的塔刹组合而成的，是受到印度佛塔建筑影响的结果。它让我们联想到了

图 27　四川什邡出土的东汉至三国佛塔画像砖（四川博物院藏）

文献中记载的东汉白马寺的佛塔、丹阳人笮融修造的浮屠祠中的佛塔，还有三国时期的一些佛塔，很可能都是这种汉式楼阁和印度式塔刹的复合体。1986 年，四川什邡发现了一块东汉至三国时期的画像砖，长 21 厘米，宽 15 厘米，厚 7.5 厘米，现藏四川博物院。它的上面有浮塑的三座三层楼阁式塔，中间一座保存较好。塔的每层有三开间，上有屋檐，与考古发现的东汉陶楼阁相似。塔上有三重相轮，相轮之上是圆光，它们才是佛塔的独特之物。在三塔之间各升起一朵莲花，象征佛教的洁净。这是中国现存最早的佛塔画像，也为我们复原东汉至三国时期的佛塔提供了依据（图 27）。

东晋十六国与南北朝时代，中国佛寺的建筑布局越来越复杂化，寺院里的殿堂也越来越多，但是以佛塔作为寺院的中心布局形式却丝毫没有改变。在当时的南北方，还曾经一度流行用寺院中主要佛塔的层数来表示寺院的名称，如著名高僧释道安（312～385 年）在长安居住的"五重寺"，以及荆州的"五层寺"，平城（今大同市）的"五级大寺"等等，可见佛塔在寺院中的地位是何等的重要。据南朝梁僧人慧皎（497～554 年）的《高僧传》和南齐高帝之孙萧子显（487～537 年）编修的《南齐书》记载，在六朝故都建康城（今南京市）中，东晋时期的长干寺和刘宋时期的湘宫寺出现了以双塔为中心的寺院制度，两寺双塔的层数分别为三重和五重；在陕西省澄城县曾经发现了一块北魏太和十二年（488 年）刻的《大代宕昌公晖福寺碑》，现藏于西安碑林博物馆，碑文中记载了北魏国的散骑常侍、安西

将军、吏部内行尚书宕昌公宦官王遇（即钳耳庆时），于本乡的南北旧宅为"二圣"各造了一区三层佛塔，"崇基重构，层栏叠起"，还建了法堂、禅堂等建筑，形成了晖福寺，并于 488 年立碑纪事。与东汉、三国时期相比，这段时期的佛塔建筑和组合的形式都有了一定规模的发展。

令人遗憾的是，迄今为止，我们还没有在中原一带发现任何东汉至两晋时期的佛塔遗址，也没有发现任何可供参考的图像资料。在宋、齐、梁、陈时期的中国南方，我们也没有发现有关这段时期的佛塔遗迹。不过值得庆幸的是，在北方十六国时代的石窟寺以及北魏时代的某些皇家级别的佛寺中，我们终于发现了有关早期佛塔的图像资料和遗址，这就为我们探讨中国古塔的早期发展史提供了极为重要的线索。

丝绸之路上的启示

丝绸之路，是古代东西方往来的主要通道，它从西汉王朝的首都长安（今西安市）出发，朝着西北方前进，经过甘肃的河西走廊到敦煌城，然后分成两路：一路向西北出玉门关进入新疆，紧紧靠着天山山脉的南麓，沿着塔克拉玛干沙漠北边被星罗棋布的绿洲所点缀着的路线前进，途中经过吐鲁番、焉耆、库车、阿克苏到达新疆最西边的城市喀什；另一路出敦煌西南方的阳关，沿着大沙漠的南缘，经过若羌、且末、尼雅、和田、叶尔羌，再绕过沙漠的尽头转而向北，在喀什和北路会合。丝绸之路从喀什继续西行，翻越葱岭，分别通向印度、波斯（今伊朗），最后到达地中海沿岸。古代的丝绸之路维系着东西方文明古国间的经济文化往来，也造就了中国西北地区灿烂的佛教艺术。

在中国西北部的丝绸之路沿线，分布着一系列的佛教石窟寺和木构或土坯寺院遗址，向我们展示着三国、西晋、十六国与南北朝以来的佛教发展盛况。时至今日，在这条古老的商路上虽然已经发现了不少佛塔遗址，但我们却很难从中了解它们最原始的外形特征。而石窟寺里的艺术作品和历年来发现的模拟佛塔建筑的供养小塔，为我们推测在隋唐以前那里曾经流行过的佛塔形制提供了有价值的启示。

甘肃省永靖县炳灵寺石窟的第169窟，保存着极为珍贵的西秦建弘元年（420年）墨书题记，我们据此可以推断出一批塑像和壁画是属于西秦国的作品。西秦（385～431年）是十六国时期割据在今兰州至天水一带的小国家，当时的炳灵寺石窟，就是这个国家的上层统治者开窟造像绘画的重要区域。在第169窟的西秦壁画中，有三幅释迦佛与多宝佛共同坐在一座塔内向大众说法的壁画，这是根据后秦高僧鸠摩罗什（344～413年）翻译的《妙法莲华经》中的《见宝塔品》绘制成的。这些多宝塔都是高覆钵塔，外表很像一座桃形尖顶草庐；覆钵的上面是

图28　甘肃永靖炳灵寺第169窟西秦建弘元年（420年）壁画中的多宝塔（常青绘）

三叉形的塔刹，样子很像印度古代佛塔雕刻中象征佛、法、僧三宝的三宝标，圆锥形三叉的表面都画着密集的横线，表现着多重相轮，在其中一座残塔刹上还系着向两侧飞扬的彩幡（图28）。在塔刹上系幡的做法，我们曾经在中亚地区的岩刻佛塔上见过，这应是西方佛塔制度在中国的反映。不过，到了隋代以后，佛塔上就不再悬幡了，因为在寺院中已经另外树立了幡竿。

以甘肃武威为中心的河西走廊地区，十六国时期曾经是北凉国（397～460年）的势力范围，这个国家是当时甘肃佛教发展的中心地，在佛经的翻译方面对后世产生过较大的影响。20世纪以来，在酒泉和吐鲁番等地发现了十几座北凉的小石塔，它是模拟当时所见的佛塔刻成的，目的是为了供养佛祖，并寄托供养人的某种愿望。甘肃省博物馆藏的一座酒泉出土的小石塔保存状况较好（图29），是承玄元年（428年）高善穆造的，有44.6厘米高，塔下的台基是八边形的，表面线刻着男女天人形象，台基上的塔身为圆柱体，表面刻着《增一阿含经·结禁

图 29　甘肃省博物馆藏酒泉出土的北凉承玄元年（428 年）高善穆造石塔

品》中的部分经文与发愿文字。圆柱形塔身的上面是覆钵丘，上大下小，表面开出了八所圆拱形小龛，龛内刻有七身结跏趺坐佛像和一身交脚坐姿的菩萨像，分别代表着过去的六位佛祖和现在的释迦牟尼，以及在未来世界下生人间成佛的弥勒菩萨。在八所龛像的上面还装饰着一周覆莲瓣。在覆钵丘的上面刻有仿木构建筑的立柱和斗栱，再上面则是呈圆锥形的塔刹，由七重相轮组成，相轮的上面还有小伞盖。整体的塔形给人一种细高的感觉。

　　其他小石塔的形制也大同小异、时代相近。甘肃省博物馆藏的白双且塔有 52 厘米高，覆钵丘以上已经残缺了，在圆柱形塔身的表面也刻出了与覆钵表面相同的造像龛；有的小塔在八边形台基的表面上方还刻出了八卦的符号，德国柏林亚洲艺术博物馆收藏的一座来自吐鲁番高昌故城的北凉石塔就是这样的，表现出了当时的佛教有与中国传统的道教相结合的特点。这种小塔和当时印度和中亚地区流行的佛塔形制基本相同，只是下面的八边形台基比较少见，这可能是北凉国为了八卦以及相关的题材所做的特殊处理。

　　在新疆塔克拉玛干大沙漠南沿的绿洲上，从葱岭以西到敦煌以东主要是古代鄯善、于阗两个大国的领地，包括精绝在内的东部地区为鄯善所有，精绝以西则属于于阗。历史上的神秘古城楼兰，就曾经是鄯善国的都城所在地，大约在三国时代，鄯善国就已经盛行佛教信仰了。20 世纪以来，在原属于鄯善国领地的尼雅、楼兰一带曾经发现了近千件的佉卢文书。佉卢文又叫犍陀罗语，是古代印度西北部俗语的一个变种，主要流行在今巴基斯坦白沙瓦一带。这些佉卢文书的内容有国王下达的各项命令，以及各种诉讼的判决书、通告、契约等等。我们在前面已经谈到过，巴基斯坦的白沙瓦一带曾经是贵霜帝国的中心区域，那里的语言文字能够普遍地在鄯善国中流行，则是贵霜帝国移民带来的，而古代的鄯善国与贵霜帝国之间一直保持着极为密切的关系。那么，鄯善国的佛塔就必然会有贵霜帝国佛塔样式影响的成分。

1906 年，英国探险家斯坦因（1862～1943 年）在罗布泊旁边的神秘古城楼兰进行了考古发掘，在 LB 遗址中发现了佛教寺院，寺院中有用土坯垒砌的覆钵式佛塔。六七十年以后，新疆的考古学者又对楼兰古城做了细致的调查，发现在古城北部稍东 4 千米的地方有一座佛塔，用土坯垒砌，残高 6.28 米，下为塔基，塔基的上面是塔身。在塔的中心有环形甬道可供僧人们作右旋礼拜，甬道的中心有周长 6.8 米的环形台，台下还保留着佛像壁画残片。根据瑞典探险家斯文·赫定（1865～1952 年）1899 年在古城内发现的带有曹魏"嘉平"（249～254 年）和西晋"泰始"（265～274 年）年号的汉文文字材料，楼兰的佛塔遗址，最早可以定在三国至西晋时期。

若羌县的米兰，位于罗布泊的南面。1907 年初，斯坦因第二次中亚考古期间，在这里发掘过十四座佛教寺院遗址，其中的第 2 号遗址是一处塔院建筑，中间有一座佛塔，在外墙对着廊柱的地方并排安置着六尊高大的坐佛像，它们的体型与衣纹塑造具有着鲜明的犍陀罗艺术风格，而佛头的面相却表现出了汉族地区特有的容貌。3 号遗址是一个外方内圆的建筑物，它的中间有一座用土坯砌造的佛塔，佛塔的周围有方形的围墙，每边长约有 9 米，围绕着佛塔就形成了一个 1.2 米宽的回廊（图 30）。米兰佛寺的年代可以定在 3、4 世纪，也正是佉卢文在鄯善国中流行的时代。

玄奘在《大唐西域记》一书中记载道：瞿萨旦那国

图 30　1906 年斯坦因在新疆若羌县米兰发现的佛塔

图 31 1901 年斯坦因新疆和田县拉瓦克寺院遗址发现的佛塔残迹

图 32 新疆库车苏巴什佛寺遗址中的佛塔残迹

方圆有四千多里，一半以上的地区是沙碛，国境内有佛寺一百多座，僧徒有五千多人，大多研习大乘佛法。这个瞿萨旦那国，就是古代沙漠南沿的于阗国。于阗是大沙漠南沿的大国，自古就以盛建塔寺而闻名于世。《大唐西域记》中还记载了于阗国最早建立的佛寺与佛像，都和西北印度与中亚的贵霜帝国存在着密切的关系。1901 年初，斯坦因在和田县东北约 40 千米处玉陇哈什河的对岸发现了拉瓦克寺院遗址，它是一座平面接近正方形的寺院，寺院的中间有一座三层圆形佛塔，直径大约有 9 米，塔的周围是长近 50 米、宽约 43 米的围墙，在南墙和西墙与南墙交接的一段发掘出了九十多尊浮塑的立佛像（图 31）。从这些佛像身上，我们可以看到其中所包含的来自印度犍陀罗式和笈多式的艺术风格，它们的制作时代大约在 5～6 世纪之间。

可以看出，于阗、鄯善等地的佛塔主要是用土坯平地垒砌，安置在寺院的中心，佛塔的周围绕着院墙。在院墙和佛塔之间就形成了供僧人们作右旋礼拜的回廊，回廊内装饰着壁画和塑像。这种做法与印度早期佛塔的周围设置环形礼拜道，以及中亚贵霜帝国的佛塔安置在寺院中心的设计思想，都存在着密切的联系。

龟兹是丝绸之路新疆沙漠北道上的一个大国，以今天的库车与拜城地区为中心。据史书记载，在 4 世纪时，龟兹国的僧侣有一万多人，仅都城一带的佛寺佛塔就有一千多座。如今在古代龟兹国的地域内，也有和沙漠南沿相类似的在平地垒砌的寺院和佛塔，在著名的库车县苏巴什遗址中就保存着一所大型的土坯佛塔遗址，从其残迹可以看出原有的覆钵式塔身、方形高台基座、斜坡踏道（图 32）。另外，龟兹国的僧侣们更多的是利用砂岩的陡峭壁面开凿石窟寺，有的还在石窟的外面再建造平台，在平台上垒砌覆钵式佛塔，形成一个佛塔与洞窟的复合建筑。

在拜城与库车一带，保存着极为丰富的石窟壁画艺术，展示着龟兹国古老的佛教艺术成就。在克孜尔、库木吐喇、台台尔等石窟群中，有一种提供给僧侣们举行佛事活动用的中心塔柱窟，在洞窟后面的

图 33 新疆拜城克孜尔石窟第 38 窟甬道中的佛塔壁画实测图

甬道壁间一般描绘着释迦涅槃的场面，其中也画着一组佛塔，以表示八位国王共分佛舍利建塔供养的情景。如克孜尔第38窟甬道壁间的一组佛塔，下部有束腰形的台基，台基上面是单层的塔身，正中绘着一尊坐佛像。塔身上部有束腰覆莲台座与覆钵丘，再上是多重的相轮，在三叉形的塔刹尖处悬挂着四条彩幡（图33）。克孜尔第38窟的时代可定在3、4世纪之际。在台台尔第17窟的甬道壁间和库木吐喇第58窟主室券顶也绘有类似的佛塔图像，后者的佛塔是绘制在菱形山峦之中。这些塔的平面应该是方形的，而且是在3～5世纪之间曾经流行于沙漠北沿的佛塔样式。

丝绸之路沿线的图像资料与佛塔遗址告诉我们，在魏晋十六国与南北朝时代，那里主要流行的佛塔是覆钵式的，其中也夹杂了一些民族化的处理。通过这些佛塔资料，我们可以看到西来的印度与中亚贵霜佛塔样式对中国古代的甘肃与新疆地区所产生的强大冲击力。

皇太后的九级浮屠

北魏国的统治者拓跋氏，是中国古代北方游牧民族鲜卑族的一支，原来居住在黑龙江上游额尔古纳河和大兴安岭北段之间。1世纪末，拓跋鲜卑由东北向西南迁移。西晋以后，在各少数民族之间的长期割据混战中，拓跋氏的势力日益壮大起来了，他们逐渐控制了黄河流域以北的大部分地区，建立了北魏王朝。398年，北魏道武帝拓跋珪（386～409年在位）把首都定在了平城（今山西大同市），佛教的寺院在这个新国都中也就相继建立起来了。

据《魏书·释老志》记载，398年，道武帝下令在京城内为佛教僧侣们修建寺院，使他们有一个活动与居住的场所，其中就有一座五级佛塔。然而，北魏首都平城及其国境内发展起来的佛教事业，随着北方的统一而坍塌了。太平真君七年（446年），北魏太武帝（424～452年在位）开始了毁佛之举，直到他于452年驾崩为止。历时六年的毁佛运动，使僧尼还俗，无数寺庙被毁，佛经与佛像被丢弃。那么，佛塔在这个时期也自然难以幸免。发现太武帝毁佛前的佛塔样式，就显得难能可贵了。

　　1982 年，考古工作者在河北蔚县发现了一尊刻有太平真君五年（444 年）铭文的石雕佛像，发愿人是朱业微。这是一尊结跏趺坐佛像，但在像的背面却刻了一座三层楼阁式佛塔，塔两旁各刻一株树，右枯左荣，以象征佛入涅槃时一枯一荣的娑罗双树。那么，这座塔自然就是佛涅槃的象征了。塔上有三叉形的塔刹，风格不同于炳灵寺第169窟西秦壁画中的释迦多宝塔之上方的三叉形塔刹（图 28）。但二者最大的不同是，朱业微像背之塔是中国式的楼阁式塔，而西秦壁画中的多宝塔则为草庐状。这应该是我们目前所能见到的中国最早的楼阁式佛

图 34 河北蔚县博物馆藏北魏太平真君五年（444年）朱业微造像背面（常青绘）

塔图像，对研究楼阁式塔的发展具有重大意义。同时，也表明早在太武帝毁佛前的北魏国内，就有很多汉民族式的楼阁式塔，虽然北魏的统治者是鲜卑人，那时还没有像以后孝文帝开展的汉化运动。

　　文成帝拓跋濬（452～465 年在位）即位后就立即恢复佛法，楼阁式佛塔又恢复了建造。452 年，即文成帝恢复佛法的第一年，朝廷下诏书，命令全国各州郡县在居民聚集的地方都要建立一座佛塔，不必计算工本。467 年，北魏皇室为了纪念皇子拓跋宏（孝文帝，467～499 年）的诞生又起造了一所永宁寺，寺内有一座七级佛塔，高三百多尺，为当时天下的第一高塔。很显然，这是一座楼阁式佛塔。孝文帝元宏即位后，为了纪念文明太皇太后冯氏（北魏文成帝拓跋濬皇后，441～490 年），于 479 年在大同的方山建造了一座思远佛寺。1976 年，北京大学考古系的师生们调查了思远寺遗址，发现遗址的平面呈长方形，寺院的中部有一座东

图 35　河南北魏洛阳永宁寺塔遗址

西约 30 米、南北约 40 米的塔基，塔基的前面正中有台阶。在塔基的上面有一座约 10 米见方的中心塔柱，残存的高度已不足 1 米，塔柱的四周还存有九个方形的柱础石。在中心塔柱的附近出土了一些影塑的佛、菩萨像。思远寺除了这座佛塔以外，没有发现别的大殿遗址，它应该是一座典型的以塔为主的佛寺。这座佛塔的原型虽然已很难知晓了，但稍后时期更大的一座佛塔建筑却为我们留下了更多的信息。

494 年，北魏孝文帝把首都迁到了中原地区的洛阳，从此确立了北魏国新的佛教发展中心。在大约四十年的时间里，洛阳内外是"招提栉比，宝塔骈罗"，其中最为著名的佛塔当属皇家的永宁寺。

东魏的杨衒之在《洛阳伽蓝记》一书中记载道：熙平元年（516 年），灵太后胡氏（？ ~528 年）在皇宫前阊阖门以南 1 里处的御道西侧修建了一所新的永宁寺，寺院的中部有一座木构九层佛塔，高 90 丈，上面有 10 丈高的金色塔刹，刹上有金色的宝瓶，可容二十五斛，宝瓶的下面有承露盘（即相轮）十一重。这座佛塔有四面，每一面都有三门六窗。佛塔的北面有一座佛殿，周围还有僧房楼观一千余间。永熙三年（534年）二月，永宁寺的佛塔被雷火所击而焚毁了，大火经三月不灭。我们可以想象当年这座木塔的庞大程度。

516年，北魏孝明帝元诩（515～528年在位）刚刚即位，由于他年纪幼小，朝政大权便掌握在了他的母亲灵太后胡氏手中。灵太后本人对佛教极为崇信，她不仅建造了永宁寺塔，还在洛阳城内的胡统寺、城东的秦上君寺、城南的秦太公西寺、景明寺、城西的冲觉寺等地各建了一座佛塔。而永宁寺既是当时最高级别的皇家寺院，也是这位垂帘听政的女主为祈求来世的福报而大造功德的基地。516年，灵太后曾行幸永宁寺，登上了她所倡建的九层佛塔。可以看出，永宁寺的佛塔就是北魏晚期最为重要的佛教建筑。

1979～1994年间，中国社会科学院考古研究所对永宁寺佛塔遗址进行了科学发掘，取得了可喜的成绩（图35）。永宁寺塔位于寺院的中心，正对着寺院的南门，塔基的平面呈方形，有上下两层，下层的台基东西有101米，南北有98米，使用夯土版筑的技术，厚度可达2.5米以上。在下层座的中心部位，筑有2.2米高的上层台基，四面用青石包砌而成，边长约为38.2米。在上层台基的上面发现了124个方形的柱础石，分为五圈排列着，自外数第二圈的柱础以内用土坯垒砌了一个实心的方柱体，长宽约有20米，残留高度为3.6米。在实心方柱体的南、东、西壁面上各保存了五所佛龛，北面没有佛龛，这里也许是原来架设登塔木梯

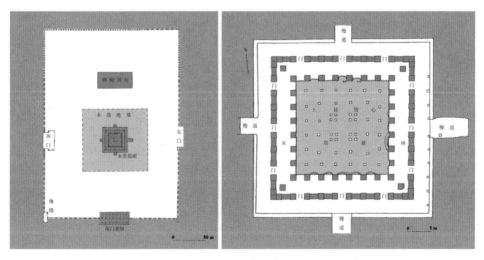

图36 左: 河南北魏洛阳永宁寺遗址平面图　右: 河南北魏洛阳永宁寺塔基柱网复原图

的位置。实心方柱体的四周就是第1、第2圈柱础间的绕塔礼拜道（图36右）。

永宁寺塔的考古发掘资料具有重大的意义。在寺院中心设塔，塔后设大殿的做法，取代了以往的一塔独秀局面，表明了佛殿的地位正在上升（图36左）。据唐代诗人王勃（约650～约676年）于675年撰写的《广州宝庄严寺舍利塔碑》记载：南朝萧梁大同三年（537年），大内道场的昙裕法师在宝庄严寺佛殿的前面修建了一座舍利塔。唐代僧人道宣（596～667年）编撰的《续高僧传》卷27中记载了梁朝的江陵道因寺，也是在大殿的前面修建了五级佛塔。自从孝文帝实行鲜卑族的汉化改革以后，南朝的各种制度就一直是北魏学习的榜样，所以，永宁寺的平面布局，应该是接受了南朝佛寺影响的结果。日本的四天王寺、山田寺、橘寺等也是学习的这种前塔后殿的布局方法。

在山西朔县崇福寺的弥陀殿中，原来珍藏着一件1.3米高的小型石塔，是施

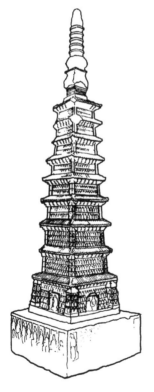
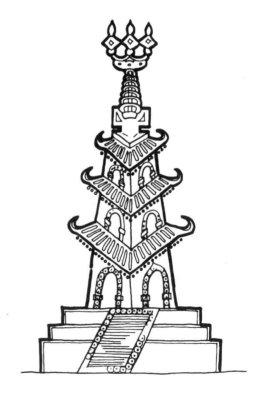

图37 山西朔县崇福寺原藏北魏天安元年（466年）   图38 甘肃敦煌莫高窟第254窟北魏壁画中的佛塔
曹天度造小石塔复原示意图

主曹天度于北魏献文帝天安元年（466 年）在首都平城雕造成的（图 37）。这是一座平面呈方形的九层楼阁式塔，下部有一个方形的台基，塔身向上渐有收分，在每层每面都开有一门，表面满刻千佛像。每层的塔身四角均有立柱，塔檐呈四注式，上面刻有瓦垄。塔刹的高度大约是塔高的四分之一，刻成小型覆钵塔式。这座小石塔正是当时木构高塔的模型，它的塔身现藏于台北历史博物馆。

敦煌莫高窟第 254 窟是北魏晚期开凿完成的，窟内有一幅萨埵那太子舍身饲虎的本生故事画，画中有一座木构舍利塔：下有三层方形台基，塔身是方形三层楼阁式的，每层都出有屋檐；塔身上部有七重相轮与三叉式的刹尖，也是表现为中国汉民族的楼阁与印度式多重相轮塔刹的复合形式（图 38）。

大同云冈石窟北魏中期的第 5 窟南壁浮雕着两座驮在象背上的五层方形楼阁式塔，塔刹是由一个方形须弥座承托的七重相轮与宝珠构成（图 39）。云冈石窟第 6 窟粗大的中心塔柱上方四角，各有一座驮在象背之上的方形平面的九层仿木构楼阁式石塔，雕刻着仿木构的立柱与塔檐。它们都反映了当时的木构佛塔样式。

云冈石窟新编第 39 窟是北魏晚期开凿出来的一座中型洞窟，在它的窟内中部树立着一座石凿的方形平面五层楼阁式佛塔，

图 39　山西大同云冈石窟第 5 窟的浮雕楼阁式塔实测图

图 40　山西大同云冈石窟第 39 窟的中心佛塔

图 41　山西大同云冈石窟第 39 窟中心佛塔立面图

通高 6 米，边宽 2.77 米（图 40、41）。塔的下部有方形的台基，每层塔身表面都刻出了五开间的立柱，柱上有一斗三升人字形栱，以及四面伸出的塔檐，在塔檐下部刻有檐椽，上部刻有瓦垄。塔顶雕出山花蕉叶、仰莲花瓣与窟顶相连接。这完全是一座仿木构的楼阁式塔，它的雕凿时代与永宁寺木塔大体相同。过去我们看到这座石塔，会想到当时一定建造了造型相近的大木塔。现在我们发掘出了永宁寺的木塔遗址，而曹天度塔与云冈石窟中的石塔又能帮助我们复原想象永宁寺塔当年的建筑外观。如果说，白马寺等早期佛塔是由中国式的楼阁与印度、中亚的塔刹所组成只是根据历史文献进行推测的话，那么朔县与云冈的石塔形制也可以为这种推测提供具体的图像资料。

另外，永宁寺塔第一层的构造，我们可以在河南巩义大力山北魏晚期的中心柱窟中发现与之相似之处。巩义的中心柱窟在窟内的中部凿出了一个通顶的大方柱（图 42），在柱的四周表面开龛造像，窟内的四个壁面也造出了佛龛，信徒们可以环绕方柱一

图 42 河南巩义大力山石窟第 1 窟中心塔柱

周进行礼拜，实际上就是永宁寺塔下第一层的模拟结构。这种中心柱式石窟还出现在了时代相近的河南渑池鸿庆寺北魏时期的第 1 窟，和东魏、北齐时代的河北邯郸响堂石窟之中。我们如果再向前追溯，就会发现在北凉时期的张掖金塔寺、武

图 43 甘肃敦煌莫高窟北魏中心塔柱式窟示意

威天梯山、酒泉文殊山、北魏中期的大同云冈石窟、北魏晚期的敦煌莫高窟中（图43），都有这种类似的中心柱式石窟，它们也应该是对同时代的木塔第一层建制的模仿。看来，永宁寺塔的基本构筑方法，在十六国甚至更早的时候已经出现了。

还有一个问题，就是为什么要在木塔的第一层设置这样的中心方柱，还要在方柱的表面开龛造像，在方柱周围留出礼拜道呢？这是和北朝佛教重视禅观修行的特点分不开的。"禅"是梵语的音译，它的意译是"思维修""静虑""弃恶"等等。"禅"又叫"定"，或合称为"禅定"，是佛教的六种修行方法之一。所谓"禅定"，就是要求禅僧灭绝一切尘世间的杂念，把思想高度集中在对佛全身各个细部的苦思冥想之中，从而使自己的精神进入佛国世界。在坐禅修行之前首先要"观佛"，这里的"观"含有"看""念""想"等意思。北印度迦湿弥罗国（今克什米尔）僧人昙摩蜜多（356～442 年）在刘宋建康撰写的《五门禅经要用法》上讲，僧人们观佛像，就如同见到了真佛，目的是为了追求来世的成佛。在唐代道世编写的《法苑珠林》一书中讲述了许多佛都是由于在前世能观像，积下了功德，来世才成了佛道，释迦牟尼也是如此。古印度迦毗罗卫国（今尼泊尔境内）僧人佛陀跋陀罗（359～429 年）在东晋翻译的《观佛三昧海经》上说：欲观佛像，应当首先进入佛塔，烧香散花，供养佛像，礼佛忏悔，观看佛像的眉间白毫等。永宁寺塔和北朝时期的中心柱窟，除了提供给善男信女们礼拜、供养外，对于僧侣而言主要就是为了观想佛像用的。因此，这段时期佛塔建筑的宗教时代感是十分鲜明的。

中岳嵩山中的倩影

在河南省登封市西北大约 6 千米的中岳嵩山南麓，有一座历史悠久的嵩岳寺。它原来是北魏宣武帝（499～515 年在位）在 509 年建立的离宫，后来施舍改建成了寺院。北魏孝明帝正光元年（520 年）改名为闲居寺，并且增建了一座十五层的佛塔，"拔地四铺而耸，凌空八相而圆"。到了隋文帝仁寿二年（601 年），寺院正式定名为"嵩岳寺"。

嵩岳寺塔的确是不同凡响的（图 44、图 45），它具有优美圆和的抛物线形轮

图 44　河南登封北魏嵩岳寺塔

廊，十二边形的平面，形成了轻盈秀丽的外形建筑特征，在中国古塔建筑中是绝无仅有的。这座塔的总高度在 40 米左右，最底层的直径是 16 米，除了塔刹和台基是石质的之外，全部都是用砖砌筑而成。它是中国现存最古的一座佛塔实例。

这座塔的台基低矮而简朴，而台基的第一层塔身却特别高大，这也是以后所有密檐式塔的一般特点。第一层塔身又以叠涩的平座分成上下两段，在四个正面开辟了贯通上下两段的塔门。第一层塔身的上段在其余的八个面上各砌出了单层亭阁式方塔形的壁龛，龛下的基座上还刻了壸门与狮子装饰；在塔身的十二个转角处砌出了角柱，柱下雕有莲瓣形的柱础，柱头有火焰宝珠与覆莲瓣装饰。在第一层塔身以上叠涩砌出了十五层密檐，每层塔檐之间的距离都不长，每面都开了一个小龛门，在龛门两侧又各隐砌出了一个直棂的小窗。石制的塔刹可以分为刹座、刹身、刹顶三部分：刹座是一个巨大的束腰仰覆莲台，台上承托着由七重相轮组成的刹身，刹顶是一个火焰宝珠。

嵩岳寺塔内的结构是空筒式的，壁间有八层挑出的叠涩檐子，最下层的平面也是十二边形，但从第一层以上就改成了八边形。看来，这座砖塔的十五层外观并不代表它的实际层数，原来的塔内应该是九层，并建有木构的楼层与登塔阶梯。这也是以后密檐式塔的一个显著特征。

据唐玄宗天宝十一载（752 年）龙兴寺僧人靖彰撰写的《大唐中岳永泰寺碑颂》记载：中岳嵩山中的永泰寺是北魏时期的明练寺，寺中有两座千佛古塔，是北魏孝明帝元诩为他的妹妹明练建造的，"亭亭四照，嶷嶷摇空"。如今的永

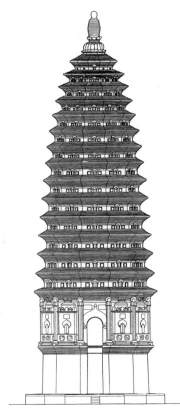

图 45 河南登封北魏嵩岳寺塔立面图（采自《中国古代建筑史》）

泰寺内确实保存着两座古塔，但都已呈现着唐代的风格，这应该是经过唐代重修以后造成的。我们也由此可以看到嵩岳寺塔的珍贵之所在。

敦煌莫高窟是中国最大的一处佛教艺术宝库，在那里丰富多彩的壁画作品当中，也不乏对北魏佛塔的形象反映。北魏晚期的第 257 窟有一幅沙弥守戒自杀因缘故事画，其中画着一座埋葬沙弥遗骨的单层木构亭阁式塔（图 46）。它的平面

图 46 甘肃敦煌莫高窟第 257 窟北魏壁画中的佛塔

呈方形，下面建有束腰的叠涩台基，台基上是方形的塔身，塔身之上有一层四注式屋檐。最关键的是在屋檐的上面建了一个覆钵塔，由覆钵丘、多重相轮、三叉式刹尖所组成，在刹上还系着两条彩幡。这个材料可以作为对北魏佛塔类型的补充说明。

隐藏在鼓山帝王陵墓里

534 年，北魏分裂为东魏和西魏，东魏的首都设在邺城，就是今天的河北省临漳县。550 年，北齐又取代了东魏。如今的邺城早已湮没到了农田之下，但在邺城附近的邯郸市峰峰矿区鼓山山麓，坐落着响堂石窟，共包括北响堂、南响堂和小响堂（水浴寺）三处，为我们展现着东魏、北齐国的佛教艺术成就。

北宋的司马光（1019～1086 年）在《资治通鉴》里记载着这样一个故事：东魏王朝的奠基人高欢（496～547 年）去世以后，随着皇室盛大的送葬队伍，一具空棺被安葬在了邺城城外豪华的帝王墓中，而高欢真正的遗体却被秘密地葬在了鼓山石窟寺中。当年安葬高欢的石窟寺，就是北响堂石窟中的大佛洞。它是一所大型的中心柱窟，就在中心柱的上层有一处可容一棺的长方形石穴，相传高欢曾

图 47 河北邯郸北响堂石窟北洞侧壁浮雕佛塔

图 48 河北邯郸北响堂石窟北洞侧壁浮雕
佛塔实测图

经被葬在那里。另外，唐代道宣的《续高僧
传》上记载说，鼓山石窟寺是北齐开国皇帝
高洋（550～559 年在位）的陵墓。到底哪一
种说法正确，在学术界尚有争论，但窟内保
存的石刻佛塔图像却为我们提供了珍贵的北
齐国佛塔资料。

在北响堂大佛洞的窟室四壁面上，并
排浮雕着大小相等的大型塔形佛龛，造型十
分精美（图 47、48）。它们的外形是这样的：
塔身的立面为竖长方形，下部没有做出突出
的台基，可以想象它们所模拟的塔的原形平
面应该是方形的。塔身两侧的立柱表面刻着
精细的双行卷草纹图案，中间有束莲装饰，

下部各有一尊蹲跪着的神兽，头顶托扛着一朵仰莲花，在柱头部位刻着覆莲瓣与火焰宝珠。塔身两侧立柱的上部架着横梁，横梁的正中也有一个火焰宝珠。塔身中部上方是圆拱形的龛楣与帏幔，下方是叠涩的束腰须弥座，龛中原来都雕着一尊坐佛像。塔身的上部是小于半球形的覆钵丘，覆钵丘的上部正中竖立着塔刹，由相轮和三个火焰宝珠所组成。多重的相轮中间粗两头细，下部有覆莲瓣与两片卷叶承托着。相轮上部是仰莲与正面向的忍冬叶装饰，并且向两侧又各自分出了一片侧视的忍冬叶，在三片忍冬叶的上部都有一个被覆莲承托着的火焰宝珠。这些塔形龛的装饰趣味十分浓厚，但我们如果去掉那些不会在实物中出现的忍冬与火焰宝珠，就会为我们提供北齐国曾经一度流行的亭阁式覆钵塔样式。

　　北响堂石窟的外立面保存情况不佳，与它邻近的同属北齐时期的释迦洞与刻经洞又为我们带来了更重要的信息。释迦洞是一所规模小于大佛洞的中心柱窟，刻经洞是一所佛殿窟，在它们的窟门外上方都做出了低矮的覆钵丘，以及覆钵丘正中上方由仰覆莲台、忍冬叶与三颗火焰宝珠组成的塔刹（图 49）。无独有偶，南响堂石窟中的第 7 窟是一所佛殿窟，它的外立面被凿成了屋檐的形状，檐下有立柱，檐上有山花蕉叶和低矮的覆钵丘，覆钵丘的上面刻着上下相叠的火焰宝珠，两侧还各立着一根八角柱，柱头上承托着覆莲与火焰宝珠（图50）。如果与北响堂大佛洞的塔形佛龛相联系，我们就会发现南响堂第 7 窟的外立面实际上就是一个覆钵式塔的样子。

　　水浴寺石窟位于鼓山东坡、北响堂以东的薛村东山上。水浴寺石窟中的西窟是一所中型的北齐中

图 49　河北邯郸北响堂石窟刻经洞上方覆钵体（20 世纪 90 年代拍摄）

图 50　河北邯郸南响堂石窟第 7 窟外立面示意图

心塔柱式洞窟。在西窟的外立面上方也雕成了类似北响堂释迦洞与刻经洞那样的覆钵塔形窟檐，再加上檐下的圆拱形窟门和长方形的塔身立面，站在这所洞窟前，我们看到的就是一座北齐国亭阁式覆钵塔的外观。

　　上一节曾经提到，北魏的中心柱窟是象征着木构楼阁式佛塔的第一层。北齐国的中心柱窟内部构造虽没有什么突破性进展，但石窟的外观却出现了覆钵式塔的形状，那么石窟的内部空间实际上就代表着佛塔的内部空间了。我们知道，楼阁式塔是汉民族的，而覆钵式塔是在印度起源的，自从北魏孝文帝实行汉化政策以来，全国上下都以木构的楼阁式塔作为佛塔建造的主要形制，但同时也有类似的亭阁式覆钵塔建筑。如：云冈石窟第 11 窟西壁刻着一座释迦与多宝佛塔，就是亭阁式覆钵塔的形制，塔刹是与永靖炳灵寺第 169 窟西秦壁画佛塔相同的三叉形，在覆钵的下面也装饰着山花蕉叶。在云冈石窟第 14 窟前室西壁、龙门石窟北魏普泰洞南壁都可以见到同类的塔形龛，但若与大量的浮雕楼阁式塔相比，它们就显得十分稀少了。

那么在北齐国里，怎么又突然流行起了外来民族的佛塔样式呢？我们翻开历史书籍，就会了解到：东魏与北齐的统治者高氏家族虽然是汉人，但他们所依靠的军事集团却是以鲜卑人为主的。高欢在创业阶段，就已经是鲜卑化了的汉人了。为了有效地将鲜卑人团结在高氏家族的周围，高氏政权坚持着鲜卑人的风俗习惯，一反北魏以来的汉化传统。佛教虽然是出世间的，但又必然地同世间的社会存在着密切联系，楼阁式的木构佛塔是汉民族的，而印度的覆钵式塔自然会给当时的人们带来与汉民族传统相反的情趣，这就是北齐国流行覆钵式佛塔的重要原因。北齐国的佛教修行依然是以禅观为主，但信徒们的入塔观像活动就更多地在覆钵式塔内进行了。

在山西襄汾汾城乡北膏腴村的东善惠寺内，竖立着一座九级砖塔，塔后有一座佛殿遗址。据《道光太平县志》记载，善惠寺内的九级浮屠是在北齐后主高纬（565～576年在位）的天统二年（566年）建成的，它所在的寺院最初叫敬屈寺。在佛塔的后面建主要大殿，是北魏永宁寺以来的传统寺院布局，但现存的这座九级佛塔经过历代的重修，早已面目全非了。

北周国的宝塔图像

534年，北魏孝武帝（532～535年在位）西奔长安，依靠宇文泰（507～556年）建立了西魏（535～556年）政权。557年，宇文氏取代西魏，建立了北周国（557～581年），仍然以长安作为都城。北周国的统治者在崇尚儒家思想的同时，也对佛教极为信仰，在北周国统治的地区里，即今天的陕西、宁夏南部、甘肃等地，保存着很多佛教造像与石窟寺艺术，充分展示着当年北周国弘扬佛教的盛况。但令人遗憾的是，在这些佛教遗迹中很少见到佛塔的实物，只有一些小型的石雕佛塔与石窟壁画中绘制的佛塔可以为我们提供一些参考，与北齐国的大量佛塔图像材料形成了明显的反差。

陕西耀州药王山博物馆收藏了一件高1.23米的亭阁式覆钵塔，制作人是杨胜有等。这座石塔有着方形的基座与塔身，塔身的四面开龛造像，上面有三层叠涩，再上面是由四角的山花蕉叶所环拱的覆钵丘，覆钵丘的上面刻着宝装莲瓣，塔刹部分已经残缺了。从塔身佛教造像的风格来看，应该是北周国的作品。这件亭阁式覆钵塔与北齐国石窟中的浮雕塔属于同一种类型，但它的覆钵部分要明显高一些。

敦煌莫高窟北周开凿的第428窟中，绘了一座极为罕见的金刚宝座式塔，它由中央的一座大塔和四角的四座小塔所组成（图51、52）。中央大塔有两层方形台基，台基上的三层方形塔身呈楼阁式，塔身最上方做出了一层屋檐，檐上为覆钵丘，四角处有山花蕉叶，正前方立着一尊金翅鸟。在覆钵丘的上面安置着刹杆与七重相轮，刹尖由仰月与火焰宝珠构成。由刹尖处还分别向下悬挂着四条彩幡和两条垂铎。四角处的小塔下面都只有一层台基，塔身为三层楼阁式，塔身上面有覆钵丘、山花蕉叶、九重相轮、二仰月、火焰宝珠等。五塔的塔身表面都描绘着表示木构建筑的立柱、斗栱、栏杆等。这虽然是中国现存最早的有关金刚宝座式塔的图像，但它的样式来源也是在印度与中亚地区。

莫高窟第301窟北周时期绘制的一幅萨埵那太子舍身饲虎故事画中，绘着一座圆形平面的覆钵式塔。这幅故事画讲的是：释迦牟尼的前世曾经是一个国王的三太子，他为了挽救几只因饥饿而奄奄一息的老虎的生命，不惜从悬崖上跳下，用自己的身体来充当老虎的食品。他死后，亲人们把他的遗骨收集起来，建塔供养。这座塔也是以图像的形式直接表现

图51 甘肃敦煌莫高窟第428窟北周壁画中的金刚宝座式塔

图 52 甘肃敦煌莫高窟第 428 窟北周壁画金刚宝座式塔实测图（采自《敦煌建筑研究》）　图 53 甘肃敦煌莫高窟第 301 窟北周壁画中的覆钵式塔（采自《敦煌建筑研究》）

着当时北周国的佛塔样式。它的下面有两层简单的方形台基，台基的正面开着踏道通向塔门。塔身呈较高的覆钵形状，正面有圆拱形的塔门。塔身的上面是山花蕉叶、小覆钵丘、在刹杆串联着的七重相轮以及仰月、火焰宝珠，共同组成了塔刹部分（图 53）。

　　北周国的覆钵式塔，与北齐国的同类型佛塔有着异曲同工之妙。在它们之间，既有大的时代背景下所产生的共同特征，也有彼此间所特有的艺术风格。

天国福音降临之后

神尼姑的圣灵

581 年，隋文帝杨坚（581～604 年在位）取代了北周建立了隋朝，接着于 589 年正月水陆并进，一举消灭了长江以南的陈朝，统一了全中国，结束了西晋以来近三百年的战乱纷争。杨坚不仅在确立中古时期的各项政治、经济、军事制度上有卓越的作为，还对中国佛教的发展起了决定性的推动作用。

据佛教典籍记载，杨坚自幼生长在尼寺，是由一位神尼姑智仙抚养长大的。他从小就深受佛教的熏陶，与佛法结下了不解之缘。杨坚当皇帝以后，还时常回忆起他当年在寺院里的生活，深信他的宏伟霸业，是来自佛祖的保佑。据唐僧道世编撰的《法苑珠林》等书记载：在杨坚登基之前，曾经得到了一包释迦佛祖的舍利子。到了仁寿元年（601 年），他下令在全国的三十一个州各建一座佛塔来供奉这些舍利子，于同年的十月十五日午时同时将舍利石函安置在塔内。仁寿二年，杨坚又下令在五十余州再建立佛塔，并于四月八日午时同时安放舍利石函，还要举行极为隆重的仪式，命令各地总管、州刺史以下、县尉以下的官员停止办公七天。仁寿四年，他又第三次颁布建塔的命令，在剩下的三十多个州建立佛塔。杨坚前后共在一百多个州建立了舍利塔，每次分送舍利的人，都是经过挑选出来的著名僧人。相传，在每一座舍利塔内都画着神尼姑智仙的画像，看来，这三次建塔活动与杨坚纪念这位抚育他长大的恩人应该有着一定的关系，他可能在祈祷智仙的在天之灵保佑大隋的江山万世不灭。

当时安置舍利的方法还有统一规定，以仁寿元年第一次分建舍利塔为例。这次功德活动开始时，是杨坚亲自用七重宝箱捧着三十粒舍利子从后宫走出，放在金殿御座前的案上，与众高僧大德一同烧香礼拜。然后，再取来金瓶和琉璃瓶各三十个，用琉璃瓶盛金瓶，把舍利放置在里面，熏陆香为泥涂在瓶盖之上，再在泥上盖印。在一百多个州共建立一百多个舍利塔，这在中国的建塔史上是空前绝后的。人们不禁会问：当时能有那么多的舍利子吗？当然不会的，在建塔的诏令下达之后，各地的官吏争着向朝廷进献舍利子，据说都是释迦牟尼的真舍利。这些舍利子被安奉以后，各地区还不断地向朝廷上报舍利塔出现的灵异与瑞应事件，这在当时都被说成是吉祥的征兆。在当年兴建的舍利塔中，有一座是在岐州的凤泉寺。据专家研究，南京摄山栖霞寺现存的一座舍利塔，就是利用仁寿年间建造的舍利塔的基址修建起来的。

　　陕西省周至县的仙游寺，原来是隋代的仙游宫旧址，隋文帝杨坚就常来这里避暑。在仁寿年间大分舍利的时候，特意将这里的宫殿施舍为佛寺，并且送来了佛舍利建塔供养起来。当年建造的砖塔至今仍然存在着，它是一座方形平面的七级密檐式塔，下部有一个方形台基，塔身的各层塔檐用砖叠涩砌筑而成，不过各层檐间的间距比较大，塔顶的宝刹已经残损。该塔造型简洁古朴，过去一直认为是隋代

图 54　陕西周至仙游寺塔（20 世纪 80 年代拍摄）

的原物。1998 年的考古发现，证实了它是在隋代原塔的基础上于唐玄宗开元十三年（725 年）重新建造的（图 54）。

　　杨坚的建塔行为只是一时的壮举，那么在隋朝三十多年的时间里，日常的造佛塔活动又是怎样呢？从佛教文献的记载来看，佛塔在寺院中仍然是主要的建筑。唐代道宣的《续高僧传》上讲：杨坚刚刚即位不久，高僧昙崇在首都长安兴宁坊的清禅寺建了一座佛塔，杨坚知道后非常高兴，特意把自己珍藏的舍利子送去了六粒，还奉献了包括自己和皇后的衣服在内的一千三百多件物品作为对佛祖的供养。591 年，晋王杨广（569～618 年）为这座佛塔建造了多重相轮并雕刻了各种花饰，到了 594 年才最终完成，共有十一层，在当时属于京城的佛塔之最。这本书中还记载了高僧法力于 593 年在江都长乐寺修建了一座五层佛塔。到了 597 年，杨广来到江都时，才为这座寺院增添了其他的大殿，形成了长乐寺。看来，隋朝建寺有的是要首先建立佛塔的，仁寿年间建造的舍利塔，在各州所选择的地点不

论是新寺还是重修前朝的寺院，都是以舍利塔作为寺院的主要建筑。

至于佛塔在寺院中的位置，一般仍然是沿用南北朝时期的以塔为中心和前塔后殿的布局方式。据北宋文学家、史地学家宋敏求（1019～1079 年）的《长安志》记载：在长安城新昌坊的南门东侧，有一座青龙寺，它原来是隋代的灵感寺，于隋文帝开皇二年（582 年）建成。因为在隋文帝定都长安的时候，把城内的许多墓葬迁到了郊外，所以才建立了这座寺院。1973 年，中国科学院考古研究所在唐代青龙寺遗址的范围内发掘出了这座灵感寺遗址，发现在寺院大门的后面有一座约 15 米见方的佛塔遗址，塔基的中部还有长宽约 4.4 米、深 1.8 米的方形地宫遗址；在塔基的后面是一座大殿的遗址，形成了这座寺院的两个中心建筑。唐人韦述于唐玄宗开元十年（722 年）撰成的《两京新记》还记载了长安城怀远坊东南隅的大云经寺，是杨坚于开皇四年（584 年）为沙门法经建立的，寺内有东西两座佛塔。在寺院中部建立对称的双塔，也是北朝以来的传统做法。另外，隋代长安城的禅定寺是杨坚为妻独孤氏（544～602 年）建立的，寺中有高三百余尺的七级木构佛塔，以后，唐朝把这所寺院改名为庄严寺。在上述寺院的西邻，隋炀帝为父亲又建立了一所禅定寺，寺内也有一座高度相当的木构佛塔，唐代把它改名为总持寺。这两座佛塔都是隋炀帝时期（604～618 年）建成的，其中可能含有他为父母亲作功德的意思。

《两京新记》中还记载了开皇十年（590 年），左武侯大将军陈国公窦抗（？～621 年）在长安城延康坊的东南隅建立了一座静法寺，寺的西院中有一座木构佛塔，是窦抗的弟弟为母亲成安公主建造的，有一百五十尺高。在寺院的旁边另外建立一个别院来安置佛塔，而主要寺院则以大殿为主，这是一个非常值得注意的新现象。另外，当时还有很多的寺院中已经不再建立佛塔了，在敦煌莫高窟隋代洞窟的经变壁画中，我们就可以看到很多没有佛塔的寺院。佛塔在寺院里的中心地位已经开始动摇，这是由于隋朝佛教的特点以及信徒们修行的侧重点开始转移所造成的。

我们在前面已经谈到，北朝的佛教是注重于身体力行的坐禅修行。而当时与北朝对峙的南朝情况就不同了，那里是在汉族政权的统治之下，大规模的战争与灾祸相对要少，于是南朝的佛教徒们就将主要精力放在了对佛教典籍不断深入地研究和讨论之上。在南朝的佛教僧侣们看来，研习和发挥佛教中的哲学理论问题，增长佛教的"智慧"，是到达彼岸涅槃世界的重要途径。隋朝的统一，促进了各地文化的交流，以往在南北方各有侧重的佛教信仰也开始相互补充、融合了。这就是

图 55　山东历城神通寺四门塔

"破斥南北，禅义均弘"的隋朝佛教新特点，它要求佛教信徒们既要重视修行实践，也要不断地加深自己的佛学理论修养。在这样的历史背景之下，才出现了上述的新情况。佛塔虽然还是佛教中的重要建筑形式和崇拜对象，但它在信徒们的修行生活中已不再是第一重要的了，而用来讲经说法的佛殿却越来越显示出了它们的强大生命力。

　　隋朝的佛教如此发达，但现存能确认为当时的佛塔却是寥寥无几。山东历城神通寺的四门塔是最著名的一个（图 55）。四门塔全部用大青石砌筑而成，因此极为坚固。它是一座建筑结构非常简洁的亭阁式塔，平面是四方形的，边宽为 7.4 米，总高度为 10.4 米。在塔身的四面正中都开了一个圆拱形门，塔身上部用石块叠涩五层挑出了塔檐，塔顶做成了四角攒尖式，再在上方安置塔刹。塔刹是由须弥座、山花蕉叶与五重相轮等组成。在塔身的内部正中砌出了巨大的中心柱，柱的四面各有一尊石雕的佛坐像，是东魏武定二年（544 年）的作品，但它们并不是塔内原来的雕像，是后来从别的地方搬进去的。在塔柱的周围还有回廊环绕，可供信徒们环塔做礼拜活动。1972 年，文物工作者对四门塔进行保护维修时，在塔顶内的石板上发现了"大业七年造"的铭文题刻，充分说明了这座塔是在隋炀帝的大业七年（611 年）完成的。它是中国现存最早的一座石砌佛塔，也是中国现存最早的一座亭阁式佛塔，为我们提供了研究隋朝佛塔的宝贵资料。

大唐长安的佛祖颂歌

隋唐时代，是中国封建社会的鼎盛时期，特别是在初盛唐阶段，民富国强在世界上是首屈一指的。唐代刘餗撰写的《隋唐嘉话》上记载：唐太宗贞观四年（630年），天下康乐安宁，全国判死刑的犯人只有29名。老百姓们可以夜不闭户，来往客人可以不用随身携带粮食。这比起北朝时期的天灾人祸来，真可谓是政通人和了。到了唐玄宗统治的开元、天宝年间（713～756年），唐朝的国力达到了最高峰，政治、经济、文化、艺术、科技等各方面都取得了辉煌的成就。和平与稳定的大好局面，使人们更多地面对的是现实世界的歌舞升平，美满丰厚的物质享受。对于宗教方面的需求，人们更加关心的是：自己的来世，这样的幸福日子能不能继续下去？能不能往生到无比幸福的佛国天堂里去？面对这样的众生心理，佛教如果再去提倡北朝时期的面对现实、艰苦修行禅定，显然就不合时宜了。于是，能适应当时现实的佛教理论便应运而生，如何能够往生到西方极乐国土中去，就是当时佛教界向信众们宣传的中心主题，寺院中的佛殿，就是高僧们讲解未来世界美景的主要场所。这样的佛教发展形势，就促使着以观像为主的佛塔迅速地退居到了次要位置。

图 56 甘肃敦煌莫高窟第 61 窟西壁《五台山图》中的万菩萨楼

在唐朝及其以后的各朝寺院布局中，佛殿的地位在日益提高，佛塔被越来越多地安置在了寺院以外，或者在寺院的外面另建一个塔院。到了宋代，以佛殿为中心的寺院布局形式就更加完善，被中国佛教中的一个重要宗派

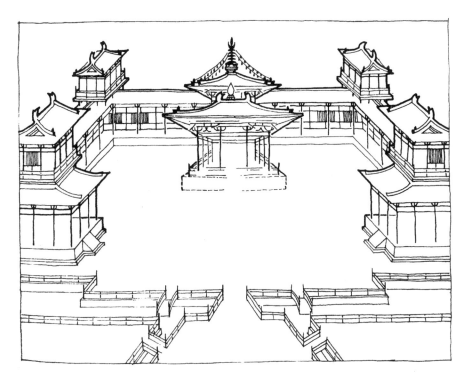

图 57　甘肃敦煌西千佛洞第 15 窟中唐壁画中的佛寺（采自《敦煌建筑研究》）

——禅宗发展为"伽蓝七堂"的建筑形式。以后直至现代，以主要佛殿为中轴线排列的寺院布局就更加定型化了。但事物的发展总是在曲折与交错中进行的，以佛塔为中心或者以前塔后殿、前殿后塔为中心的寺院布局形式还在局部地区维持了相当一段时期，如：敦煌莫高窟第 61 窟的《五台山图》虽是宋代所绘，但它所反映的却是唐代的五台山众佛寺景观，其中的"大法华之寺"左侧的某寺中心就建有一座单层的六角形木塔。这幅图中的"万菩萨楼"寺院，则在院落的正中建了一座四层楼阁式木塔（图 56）。在莫高窟第 361 窟中唐时期北壁的《药师经变》画的佛寺中部，是一座六角二层塔，下部的台基是方形的。第 361 窟南壁的《阿弥陀经变》画中的佛寺则是以一座方形的二层塔为中心。敦煌西千佛洞中唐时期的第 15 窟西壁《阿弥陀经变》画中的佛寺是以一座方形重檐亭阁式塔为中心（图 57）。河北正定开元寺保存着唐代的法船殿遗址与殿前右侧的佛塔，殿前左侧的钟楼下面也有一处佛塔基址，可知在这所寺院的正殿前两侧，原来分别建造着一座佛塔，保留着南北朝时期部分寺院中心设置双塔的制度（图 58）。日本僧人圆仁（794～864 年）撰写的《入唐求法巡礼行记》记述了他在晚唐时期的中国见闻，其中提到了山东莱州城外的龙兴寺，说这座佛寺的"佛殿前有十三级砖塔"。现存的山西应县辽代的佛宫寺、洪洞县宋代的广胜寺也是以佛塔为中心的旧式布局。

在中亚塔吉克斯坦西南部的瓦赫什河谷地，坐落着一处阿吉纳切佩佛寺遗址，它是由南院（僧房院）和北院（塔院）所构成。北院的中心是一座方形台基的覆钵式塔，台基的四面都建有登台基的阶道，在台基上部的塔身表面发现有泥塑佛像，但塔身以上都已经塌毁了，这座塔是作为北院的礼拜中心而设置的。阿吉纳切佩寺院是 7 世纪下半叶～8 世纪初建造的，是唐朝平定了西突厥的变乱之后，在那里建立行政管理机构并推行佛教的结果，我们可以看到中原地区以佛塔为中心的寺院布局形式又反向中亚所产生的影响。在下面的小节中，我们将主要介绍佛塔风格的发展与演变。

唐朝的首都长安城，是当时世界上最发达的城市之一，也是一个上演着世界性文化的大舞台。当时长安城寺院中的佛塔，也对全国其他地区佛塔的修建起着指导性的作用。

慈恩寺的大雁塔建成于唐高宗永徽三年（652 年），是由玄奘法师（602～664 年）亲自创建的。相传当时玄奘打算仿照印度的佛塔样式建造一个大石塔，用来贮存他从印度带回的梵文佛经。但这个工程太浩大了，于是就改变了计划，建了一个土心的方形楼阁式砖塔，共有五层。到了长安年间（701～704 年），女皇武则天（624～705 年）又将大雁塔改

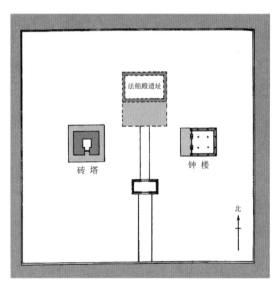

图 58　河北正定开元寺总平面图

图 59　陕西西安慈恩寺大雁塔

建成为七层。唐朝诗人岑参（715～770 年）曾经登上大雁塔，写下了优美的诗篇：

塔势如涌出，孤高耸天宫。登临出世界，磴道盘虚空。突兀压神州，峥嵘如鬼工。四角碍白日，七层摩苍穹。下窥指高鸟，俯听闻惊风。

从唐朝开始，但凡进士及第的才子，必先到曲江赴"探花宴"，再到大雁塔下题刻自己的名字，这成了文人们的春风得意之举。如今的大雁塔下还保留着自唐朝到清朝一千多年间的题名。现存的大雁塔，是经过了五代后唐与明朝重新修葺以后的形貌，但大体上还保存着一些唐时砖筑楼阁式塔的样式：塔的平面是四边形的，总高度有 64 米，从第一层塔身向上，每层都有显著收分，使塔形呈一方锥体，显得庄重而稳固。每层之间都有叠涩出檐，每面各开一门洞。塔刹是一座小型的覆钵式塔，由覆钵体、多重相轮等组成。不过，大雁塔外面一层很厚的包砖，是明代重修的结果（图 59）。

唐长安城安仁坊的荐福寺小雁塔，是唐代现存最标准的一座密檐式砖塔（图 60）。荐福寺建成于 684 年，是武则天为给亡夫唐高宗李治荐福而建造的，在武则天当女皇的那一年（690 年）将它定名为荐福寺。到了 707 年，唐中宗李显

图 60　陕西西安荐福寺小雁塔（20 世纪 20 年代拍摄，采自《中国文化史迹》）

（656～710 年）重新整修了荐福寺，小雁塔就是在这时建成的。这座塔的平面为四方形，高约 46 米，是一座十五层的密檐式砖塔。由于塔顶早已毁于明朝的地震，现有的高度为 43.3 米。塔的下面是方形的基座，座上的第一层塔身比较高大，南北两面开出了塔门，以供信众出入。在第一层塔以上做出了密檐十五层，每层檐子之间的距离都很小，只在南北两面开辟通风的小窗。每一层的出檐均是用叠涩的方法，下面做出菱角牙子。塔身的外形逐层收小，在五层以下收分很小，到了六层以上开始急剧收杀，使塔身上部呈现出圆和流畅的外轮廓线。塔身内部是空筒式的，在建造时并不是为了登临用的，现在虽然设有木构的楼梯，但内部的层楼要少于密檐所显示的层楼。

小雁塔是唐代密檐式砖塔的代表，对全国其他地区砖石密檐式塔的建造曾经产生过强烈的影响。河北正定开元寺塔，建成于晚唐乾宁五年（898 年），是一座 48 米高的密檐式塔，共有九层，相比之下，它的檐间距较大。登封法王寺塔通高 40 米，共有十五层，是初盛唐之际的作品。成都市新都区宝光寺塔是晚唐时期建成的，虽然经过后代重修，但仍然具有唐代密檐式塔的风格，共有十三层。云南昆明的西寺塔和东寺塔均创建于唐代南诏国的丰祐时期（824～859 年），虽也经过后代重修，但都含有唐代的风格，其中西寺塔高约 36 米，为十三层密檐式，东寺塔的形制、大小和西寺塔相仿。云南大理三塔中的千寻塔建成于中晚唐时期，有 59.6 米高，十六层（图 61）。大理佛图寺的蛇骨塔大约建成于南诏时期，是一座十三层、高 39 米的密檐式塔（图 62）。这些塔都反映出了以小雁塔为代表的唐代长安密檐式砖塔的基本样式，同时也可以帮助我们认识长安城的佛教艺术对全国各地区的影响力。

还有一种平面方形的石质密檐式塔，体量都不太大，但雕刻却十分精美。在北京房山云居寺北塔的四隅各有一座唐代七层密檐式石塔，它们的高度都在十米左右，塔身的第一层正面都开着塔门，门内有佛与菩萨雕像，门外两侧或雕力士，

图 61 云南大理三塔

图 62 云南大理佛图寺蛇骨塔

图 63 河南安阳灵泉寺唐代双石塔中的西塔（20 世纪 90 年代拍摄）

或刻铭文题记。据这些题记的记载，位于西南角的一座建于唐玄宗开元十五年（727 年），西北角的一座建于唐睿宗景云二年（711 年）。河南安阳灵泉寺保存着两座唐代九层密檐式石塔，东塔高 5.22 米，西塔高 5.56 米（图 63），形制大体相同，都是方形的平面，下部建有束腰叠涩须弥座，在束腰处的壸门内刻着伎乐人物；座上的第一层塔身正面开着塔门，门内塔心室正壁雕刻着坐佛与二弟子、二菩萨立像，门外两侧各雕着一身力士；上部是九层叠涩塔檐，塔刹已经不存在了。这些石塔都是模拟当时大型的密檐式砖塔而雕造成的。

这里珍藏着释迦佛的指骨

陕西扶风法门寺，以它珍藏的释迦牟尼真身指骨舍利的再现而闻名于世。相传法门寺的宝塔，就是阿育王当年建造的八万四千塔之一。到了隋代，杨坚将宝塔所在的寺院命名为"成实道场"。唐武德元年（618 年），唐高祖李渊（618～626 年在位）下诏将寺名定为"法门寺"，沿用至今。631 年，唐太宗李世民（626～649 年在位）命令岐州刺史张德亮开启了宝塔地宫，取出了佛指舍利加以供奉。660 年，唐高宗李治（649～683 年在位）又一次开启了法门寺塔地宫，将佛指骨迎到了洛阳大内进行供养。704 年，武则天（690～705 年在位）又迎请了佛指骨到长安与洛阳。708 年，唐中宗李显（684～684、705～710 年在位）给法门寺塔地宫中造了一个汉白玉灵帐用来安奉佛指舍利。760 年，唐肃宗李亨（756～762 年在位）再次迎请佛指骨于长安城的皇宫内供养。接下来，790 年、819 年、873 年，唐德宗李适、唐宪宗李纯、唐懿宗李漼曾分别开启地宫，迎请供奉了佛指舍利。唐代的著名文学家韩愈（768～824 年）为了阻止唐宪宗（805～820 年在位）迎请佛指骨，特地上了一个《论佛骨表》，结果被唐宪宗贬成了潮州刺史。873 年 12 月 19 日，唐僖宗李儇（873～888 年在位）送佛指舍利回归，重新安奉在了地宫之中，与此同时，数以千件的珍宝作为对佛指舍利的供养物品一同被安放到了地宫之中。从此，这一唐朝皇家供养的宝塔地宫被封闭了 1113 年之久。

　　明朝隆庆三年（1569 年），法门寺的唐代木塔倒毁了。到了明万历三十七年（1609 年），由民间集资，法门寺塔被改建成了一座八角形平面、高 60 余米、十三层的砖砌楼阁式塔。1981 年 8 月 24 日，陕西大雨成灾，法门寺塔半壁倒塌了。1987 年 4 月 3 日，为了重新修复法门寺宝塔，考古工作者在清理塔的地基时，意外地发现了唐代地宫，成为了轰动世界学术界的热门话题。

　　我们来看看唐代的法门寺宝塔塔基是什么样子。考古发掘的资料表明，唐塔的遗址平面呈正方形，边长有 26 米，由五层夯土筑成。在第一层夯土的表面上有 20 个夯筑的柱础，每一边各有 6 个，呈方形分布在塔基的外沿之上。夯筑柱础的边长在 1.7～2.07 米之间，厚度不等。在 20 个外围柱础之内，原来还有一圈较小的柱础，也是围成方形，由于明代塔基的破坏，仅有四角的柱础保存着。在唐代塔基的中心部位有一个方形夯土台基，边长约有 10.5 米，现存有 2.2 米高，它应该是唐代木塔室内方形实心柱体的遗存（图 64）。唐塔下珍藏舍利的地宫之门开在塔基的南面，而地宫的后室基槽就挖在方形实心体的中间（图 65）。从唐塔的遗址情况我们可以确定的是，唐朝的法门寺真身舍利宝塔，是一座木构的楼阁式塔，在塔室第一层内有一圈提供给信徒们环绕

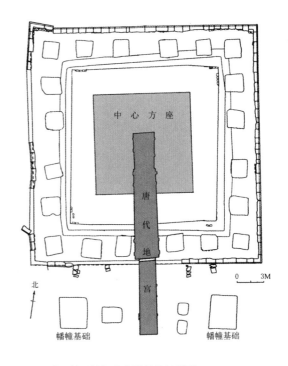

图 64 陕西扶风法门寺唐塔基址复原图

图 65 1987 年 4 月发掘的陕西扶风法门寺塔遗址

礼拜的礼拜道，中心是一座方形实柱体，这和北魏洛阳永宁寺木塔的内部宗教功能是一脉相承的。它的外部原貌我们虽然已经很难确定，但从其他地区保存的唐塔图像资料，以及日本现存的与唐朝同时期的木塔实物情况来看，还能够大致推测出其样式。

在陕西耀州药王山博物馆院内，竖立着一座初唐时代的石刻方形仿木构楼阁式塔，高 3.77 米，共有十层，下部是方形台基，塔身的每一层都有三立柱与四出的屋檐，在三柱之间各开一龛造像，塔顶呈覆钵形。塔身向上逐级收缩，可以反映唐代木构楼阁式塔的一种类型。

敦煌莫高窟开凿于五代的第 61 窟《五台山图》中画有一座方形的三层木构楼阁式塔，向上渐小，在每一层的下部都有木构围栏，每一层塔身都由立柱、斗栱、四出的塔檐组成，塔刹做成了覆钵式塔的形状（图 66）。它所表现的应该是唐代五台山中的木构楼阁式塔。在盛唐时期的第 323 窟佛教史迹画中，画了一座方形七层的木楼阁式塔，每一层也是由栏杆、木构立柱与斗栱、四出塔檐等组成，但没有做出塔刹。第 61 窟《五台山图》中画有一座四层的木构楼阁式塔，塔身的结构与

上述两塔情况基本相同，同样也没有塔
刹，只是在塔顶正脊中央立着一个宝珠。
初唐时期的第 340 窟甬道顶部画了一座
四层木构楼阁式塔，在第一层的下面没
有设置栏杆，第四层塔身却扭动了 45
度角，并画出了覆钵式塔形的塔刹（图
67）。这些图像资料都可以帮助我们推测
法门寺木塔原来应有的结构与形象。

　　在日本的关西地区保存了不少古代
的方形木构佛塔，其中奈良法隆寺的五
重塔建造于公元七世纪，是日本现存年
代最早的一座佛塔，同时也是现存于世
界上年代最早的一座木构建筑（图 68）。
这座木塔的第一层没有设置栏杆，自第
二层以上的塔身都是由护围栏杆、木构
立柱、横枋、斗栱、四出的塔檐组成的，
具有唐代木构建筑的特点。塔身向上渐
有收分，塔顶的宝刹由方形台座、覆钵、
仰莲、刹杆及九重相轮等组成。刹杆高
竖，约相当于塔身高度的三分之一，以
及每层塔檐四出深远，是法隆寺五重塔
的显著特点，也是日本古代这种木构方
形佛塔的一般样式，我们可以从中看出
一些与敦煌壁画唐塔的相似之处。现存
于奈良元兴寺的五重小塔也是这样的。

　　敦煌壁画中的唐塔，基本客观地反
映了当时寺院中流行的佛塔样式，而日
本古代寺院中的木构佛塔，则是在接受

图 66　甘肃敦煌莫高窟第 61 窟宋代"五台山图"
中的楼阁式木塔

图 67　甘肃敦煌莫高窟第 340 窟初唐壁画中的
楼阁式木塔

图 68　日本奈良法隆寺五重塔与金堂

了中国唐代佛塔样式的影响下修建成的，也可以反映出一些唐代木构佛塔的面貌。我们可以想象，在唐代的中国大陆上，一定存在着众多的这种方形木构多层佛塔，它们都是珍藏着佛舍利的地方，也是佛教信众寄托自己来世愿望的重要对象。

弥勒佛国降临人间

在佛教世界里，弥勒佛是未来世界的佛，现在还居住在兜率天宫之中。当弥勒佛下生人间的时候，未来的世界将是无限美好，树上可以自然地生长出衣服，农田里可以一种七收等等，它是人们心中的理想世界。如果能在来世往生到弥勒佛国中去，亲耳聆听这位未来佛宣讲佛教大法，也是佛教信众的崇高愿望。在唐代的人们普遍关心自己来世命运的情况下，在佛教界向众生宣扬西方极乐国土的同时，未来弥勒佛国的美景盛况到底是怎样的，也成了佛教信众津津乐道的话题。在敦煌莫高窟中，保存了不少唐代绘制的《弥勒经变》壁画，就是为了结合众生的这种宗教心理，根据《弥勒下生经》等经典绘制而成的作品，都是为了配合讲解经文服务的。令人惊奇的是，在中国的大地上，还保存着一座专门用来表现弥勒佛国世界盛况的佛塔，颇具独到的匠心和高超的技艺。这就是河南安阳修定寺塔。

安阳修定寺相传创建于北魏时期，到了唐代经过了全面的修整。现在寺院的大殿早已荡然无存，只有一座亭阁式砖塔屹立在寺址的上面（图 69）。根据塔门上的题记，我们知道这座塔最晚在唐懿宗咸通十一年（870 年）就已经存在了，从塔上的造像风格来分析，它可能是盛唐至中唐时期的作品。修定寺塔通高近 20 米，塔下的台基平面呈八角形，为束腰须弥座的形制，外壁还残存着飞天、力士、伎乐以及花卉、帷幔等雕饰。台基上方是方形平面的塔身，每面宽 8.3 米，高 9.3 米，在南面开出了圆拱形塔门。塔身四角有立柱和柱础石，四面的上方雕有帐幔。塔身上面是四角攒尖式的塔顶，塔刹已经不存在了，根据 20 世纪 40 年代的照片，可知原来的塔刹是由一个巨大莲座、火焰宝珠组成的，用琉璃瓦制作，这可能是

图 69 河南安阳修定寺塔

图 70 河南安阳修定寺塔门楣雕刻（20世纪90年代拍摄）

图 71 河南安阳修定寺塔浮雕

明代重修的结果。从塔身的整体情况看，原来的意图是想将这座亭阁式塔妆扮成一个宝帐的形式，它所要体现的佛教思想内容，就呈现在了这个模拟的宝帐表面。

门楣正中的雕刻是修定寺塔的主要形象：中间是一尊倚坐佛像，两侧是弟子与菩萨等胁侍像，代表着弥勒佛已经下生人间，正在为大众说法（图70）。圆拱形门的两侧各浮雕着一身四臂金刚力士像，充当着弥勒说法时的护法神。除此以外，在整个塔身外壁的表面布满了雕刻内容，都是用雕模制作的矩形、菱形、五边形、三角形等雕砖拼砌而成，共计三千多块，其中以菱形的雕砖为主。菱形雕砖的内容都是有规律地排列着的，其中的骏马、火焰宝珠、美女、法轮、大象、老年长者、威武的将军等一组形象连续循环地出现，构成了塔身雕刻的主体内容（图71）。它们都代表着什么呢？《弥勒上生经》和《弥勒下生经》等记载说：弥勒原先出生于印度婆罗门（最高的种姓）家庭，以后成为了释迦牟尼的弟子，并且在释迦的前面先行入灭了，上生到了兜率天的内院。以后，他要经过人间的五十六亿七千万年时间，才能下生到人世间成佛。在弥勒将要下生的国度里，是一位名叫儴佉（ráng qū）的转轮圣王在掌握着政权，那里的人民丰衣足食，康乐幸福，一派国泰民安的繁荣景象。儴佉王有七件宝贝，可以建设幸福的家园，可以击退来犯的敌人。这七件宝贝就是象宝、马宝、摩尼珠宝、轮宝、玉女宝、主藏臣、主兵臣等，修定寺唐塔表面的七种常见的砖雕形象，正是代表了弥勒佛国转轮圣王所拥有的七宝。最后，弥勒将在一棵龙华树下成佛，广传佛法，而儴佉王以及他的妃嫔们都将会剃度出家，成为比丘和比丘尼。宣扬弥勒佛国的繁荣盛况，正是修定寺唐塔所要表现的主题思想。

修定寺唐塔的外形，与隋代的四门塔有一定的继承性。唐代现存的亭阁式塔，还有山东济南历城神通寺石质的龙虎塔，它是四方形的平面，下面有三层须弥座，在塔身的四面各开有一门，塔身内部有方形的塔心柱，通高 10.8 米。龙虎塔的塔身表面遍刻着佛像、菩萨、金刚力士、飞天与龙、虎浮雕题材，显得富丽而生动（图 72）。历城神通寺遗址中还有一座小龙虎塔，通高有 3 米多，由亭阁式与密檐式组合而成，塔身的表面也布满了高浮雕图像，是初盛唐时期的作品。历城九塔

图 72 山东历城龙虎塔（20 世纪 80 年代拍摄）

图 73 山东历城九顶塔（20 世纪 80 年代拍摄）

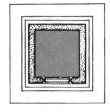

图 74 北京房山云居寺亭阁式小石塔平面与立体
示意图

图 75 甘肃永靖炳灵寺石窟第 3 窟

寺内的九顶塔也是一座盛唐时期的亭
阁式塔，通高 13.3 米，但其形制很
特殊，下部是八角形平面的塔身，塔
身的每一面都向内作弧形凹入，顶部
又分建了九个三层密檐式小塔，正中
的一个较大，其余八塔环绕在周围，
这在中国古塔中是独一无二的（图
73）。北京房山区云居寺内有一座唐
代亭阁式的小石塔，具有仿木构式的
四出塔檐，山花蕉叶与多重相轮组成
的塔刹，是唐代亭阁式石塔中的精品
（图 74）。永靖炳灵寺石窟第 3 窟是
初唐时期开凿成的，在窟室内部的正
中有一座方形的单层亭阁式塔，全部
是在石窟洞内立体雕凿出来的。塔下
有方形的台基，塔身上部有四出的塔
檐，檐下是仿木结构的斗拱等，应该
是模仿唐代木构亭阁式塔制作而成的
（图 75）。

　　唐代亭阁式塔的模型，我们还
可以在扶风法门寺唐塔地宫的出土物
中见到。在地宫的中室内放置了一个
汉白玉的灵帐，通高 1.64 米，唐中
宗景龙二年（708 年）造成，曾经供
奉过武则天于长安四年（704 年）迎
到洛阳宫中的舍利。这个玉雕灵帐具
有束腰须弥座，表面有帷帐装饰，与
修定寺塔的装饰属于同一类。地宫前

室出土了一座汉白玉的亭阁式塔，下
部也有束腰须弥座，塔身的四面各开
一门，门两侧各浮雕了一身立菩萨
像，上部是叠涩的四角攒尖式塔顶，
塔刹是一个火焰宝珠。在这座小玉石
塔的里面，有一座铜造的单层方形亭
阁式佛塔，具有高超的制作技艺：二
层台基的四周均有护围栏杆，四面中
部都有登塔的台阶，塔身下部做成了
干栏式，四周也有栏杆。塔身表面有
仿木构的四门、立柱、斗栱等，塔身
上部是四角攒尖式的塔檐。塔顶高竖
刹杆，塔刹由六重相轮、伞盖、圆光、
仰月、火焰宝珠等组成（图 76）。这
座铜塔比较真实地再现了唐代木构亭
阁式塔的基本样式。在地宫后室出土
的八重宝函的最里层，有一座单层亭
阁式金塔，里面供奉着佛指舍利，也
可以帮助我们了解唐代亭阁式塔的造
型特征。

　　除了实物与模型之外，在敦煌
莫高窟的唐代壁画中，还保留了不少
亭阁式塔的图像资料。如：盛唐时期
的第 23 窟中绘有一座木构亭阁式塔，
与法门寺地宫中的金铜造亭阁式塔形
制十分相似。盛唐时期的第 323 窟，
晚唐时期的第 468 窟、第 85 窟中都
有木构的亭阁式塔壁画。中唐时期的

图 76　陕西扶风法门寺地宫前室阿育王塔中的铜
浮屠

图 77　甘肃敦煌莫高窟第 159 窟中唐壁画中的佛塔

第159窟壁画中的木构亭阁式塔共有两层，上层是圆形，下层却是六角形的（图77）。初唐时期的第68窟，盛唐时期的第23窟、第31窟中还有砖石亭阁式塔壁画，塔身都是方形的，在塔身的上部有的做成了矮覆钵状，并有多重相轮的塔刹，与北齐国响堂石窟中的亭阁式覆钵塔倒有一些继承性（图78）。它们都是帮助我们了解唐代亭阁式塔全貌的宝贵图像资料。另外，在莫高窟第217窟盛唐时期的壁画中，还绘着一座覆钵式塔，它的上部与第68窟初唐壁画中的亭阁式覆钵塔上部很相似，但主体的塔身却是圆形的覆钵式，最下面还有圆形的基座（图79）。我们可以由此了解到，唐代在盛行建造亭阁式塔的同时，一定还有不少这种圆形的覆钵式塔，只是我们目前已经看不到实物了。

　　在新疆吐鲁番的阿斯塔那，有一座造型奇特的佛塔，也值得在此一提。这座塔叫台藏塔（图80），它的所在地是6～7世纪高昌国时期交河故城内的一座大型佛寺遗址。塔的高度约有20米，底部边长也有约20米。塔下是一个方形台基，台基

图78 甘肃敦煌莫高窟第68窟初唐壁画中的佛塔　　图79 甘肃敦煌莫高窟第217窟盛唐壁画中的覆钵式塔

图 80　新疆吐鲁番阿斯塔那的台藏塔

上部正中有一座正方形佛塔，塔身的四面原来都有佛龛，龛内还存有壁画。在台基的四角处各有一个方形台柱。这种塔形的实物还没有见到第二例，与金刚宝座式塔的配置有些接近。吐鲁番交河故城中的一座佛塔也具有类似的形制。

吴越国王的心愿

盛唐以后的藩镇割据，又把中国引向了分裂与动荡。从唐朝末年开始，钱镠（852～932年）割据浙江，建立了吴越国（907～978年）。唐末五代十国时期，中原一带诸侯称霸，战乱不断，而吴越国境内却相对安定，经济发展很快。和中原王朝相比，他们毕竟是弱小的，因此基本是使用着中原王朝（梁、唐、晋、汉、周）的年号。钱氏家族的三代共五位国王都很信仰佛教，后来他们把国土献给北宋，但是建寺造像的活动却一直没有停止过。今天的杭州城，就是当年吴越国的首府，从保存至今的众多文物古迹上，我们可以了解到吴越国的佛教发展盛况。其中佛

图 81　浙江临安吴越国功臣塔　　　　　　图 82　浙江杭州灵隐寺吴越国西石塔

塔就是重要的一项。

　　浙江临安山上有一座功臣塔，是吴越国王钱镠于五代后梁贞明元年（915 年）修建的，高 40 米左右，为五层方形平面的仿木构楼阁式砖塔。塔身的四面开有塔门，四隅有角柱，柱上有仿木构斗栱。它是浙江省现存时代最早的佛塔（图 81）。

　　在杭州著名的古刹灵隐寺大殿前两侧，各立着一座造型基本相同的石塔，高度都在 10 米多。这两座塔都是用白石雕刻而成的，具有八角形的平面，九层仿木构楼阁的样式。在每层塔身的表面都刻着门、窗、柱子、阑额等木构形式，还有精美的造像和装饰花纹，每层的塔檐也是仿木构屋檐。这对石塔是北宋太祖建隆元年（960 年）吴越国王钱弘俶（948～978 年在位）重建灵隐寺时建造的，是现存北宋年代最早的古塔实物（图 82）。

　　杭州西湖南岸南屏山麓的雷峰塔，是杭州城最为著名的古塔，它的塔身部分虽然早已倒塌，但随着《白蛇传》故事的传遍天下，人们相信这座塔下还压着那位追求人间爱情的白娘子，仍然不断在勾起人们对那个爱情悲剧的惋惜之情。它曾经是杭州西湖十景之一的"雷峰夕照"。

雷峰塔是 975 年以前，吴越王钱弘俶（947～978 年在位）为了庆贺他的宠妃黄氏得子而建造的，所以曾经被称为"黄妃塔"。又因为此塔处在当时杭州城的西关外，又有"西关砖塔"之名。据南宋官员潜说友（1216～1277 年）编撰的《咸淳临安志》记载，古时候曾经有个姓雷的人在南屏山麓结庵隐居，因此这里又被称作雷峰，雷峰塔的名称就是由此而来的。雷峰塔是一座八角形的五层楼阁式砖塔，在塔身的每一层都有塔檐、平座、游廊、栏杆等木构。塔内的八面有石刻《华严经》，塔下还供奉着十八罗汉。到了明朝嘉靖年间（1522～1566 年），倭寇侵入杭州，放火烧毁了雷峰塔表面的木构部件，只残留下了砖体的塔身（图 83）。1924 年 8 月，由于人为的破坏，这一古塔终于全部倒塌了。考古工作者曾经清理了雷峰塔的残基，在砖孔内发现有《宝箧印经》，经上开头写着："天下兵马大元帅吴越王钱弘俶造。此经八万四千卷，舍入西关砖塔，永充供奉，乙亥八月"。乙亥年是 975 年，这个发现为我们提供了雷峰塔的年代下限。雷峰塔的平面是八角形的，这和唐代砖石塔惯用方形的平面有所不同，八角形平面的楼阁式砖塔将成为以后的发展趋势。

西湖北岸宝石山上的保俶塔，始建于北宋太祖开宝年间（968～976 年）。相传赵匡胤（960～976 年在位）建立北宋以后，把吴越国王钱弘俶召进京城开封，钱弘俶的母舅吴延爽为了祈求他能平安归来，特意在宝石山的崇寿禅寺内建造了一座九级砖木结构宝塔，当时命名为"应天塔"，含有应天顺命的意思。这就是今日保俶塔的前身，相传在当时还修建了塔院，专门为祈祷钱弘俶平安归来之用。到了北宋咸平年间（998～1003 年）又重新作了修整，将应天塔改建

图 83　浙江杭州雷峰塔近景（佛利尔拍摄于 1911 年）

图84 浙江杭州保俶塔（1917年拍摄）

成了七层。这次重建工作是由僧人永保主持的，而永保在当时以自己的戒行闻名，被人们尊称为"师叔"，所以，应天塔以后就被称作"保叔塔"了。以后又经过后代的屡毁屡建，最后一次重建是1933年，就形成了今日保俶塔的样子（图84）。现存的保俶塔高约30米，是一座七层的六边形楼阁式砖塔，造型纤细秀丽，原与雷峰塔隔湖对峙，是西湖的标志之一。

吴延爽还参与了杭州烟霞洞内一座高浮雕佛塔的雕刻。在烟霞洞西壁前部的白衣观音像龛的内侧有一所空龛，高290、宽188厘米。这里原来雕有一座七级楼阁式佛塔，塔刹为五级小型楼阁式塔。从塔身出露三面的情况看，该塔是仿照七级八角形楼阁式佛塔而雕造的，高2.86米。该塔每层上部都有仿瓦垄屋檐，以仿木构的柱枋支撑，柱与檐间似有斗栱。在塔身的正面各层，各刻五尊或七尊一铺的群像浮雕；其他二面，每层刻四至五身衣冠整肃的供养人立像；在塔身的左右外方壁面，一律刻着供养人跪像作礼塔状。这些供养像都是浮雕，数量约有数百身，像旁有的刻有姓名和官职，由此可知作此功德的都是官僚及其眷属，所以有"千官塔"的名称。在千官塔上众多的题记中，排在前面的有都指挥使吴延爽，可知此塔应是吴越国时期的作品，反映着那时的楼阁式塔形制。

钱塘江边的闸口白塔岭白塔，是一座平面八角形的九层仿木构楼阁式石塔，高约16米（图85）。它的下面有一个高约2米的石砌台基，台基上的每层塔身都雕出了仿木结构的平座、栏杆、回廊、柱子、门窗、斗栱，以及挑出深远的塔檐。整个塔身逐层向上收缩，造型精巧典雅。在塔身的各层各面都有浮雕，有供养人、佛、菩萨、天王等形象，表现了吴越国特有的佛教艺术风采。在塔身上雕刻着这样一句话："乾德三年乙丑岁六月庚子朔十五日甲寅日，天下大元帅吴越王钱俶建。"乾德三年，是宋太祖的第二个年号，即965年，因此，它的建塔纪年是十分明确的。

吴越国王室最为盛大的佛教功德活动，就是钱弘俶仿照印度阿育王建造八万四千塔的故事，铸造了八万四千小铜塔，塔内纳以《宝箧印陀罗尼经》的印刷卷子，作为供养，在国境内颁布，用了10年的时间方告完成。这种塔由于体量太小，很多都已经失散不存了，但也不乏传世品和发掘品。又因为它们的外面很多镀上了金色，所以又叫作"金涂塔"。日本的金刚寺所藏的公元965年释道喜撰写的《宝箧印经记》记载说：释道喜在中国时看到了吴越国王铸造的这种塔，高九寸余，四面铸镂着佛与菩萨像，塔上的四角有像马耳一样的龛形；塔内也有像枣核大小的佛菩萨像，里面藏着一个小经卷，上面有这样一句话："天下都元帅吴越国王钱弘俶本宝箧印经卷八万四千卷之内安宝塔之中供养，回向已毕。显德三年丙辰岁记也。"显德是五代后周的年号，显德三年就是956年。无独有偶，清代的大金石学家王昶（1725～1806年）在《金石粹编》一书中也记录了金涂塔内的铭文："吴越国王钱弘俶敬造八万四千宝塔乙卯岁记"。1957年，在浙江金华万佛塔地宫中出土了15座小型的金涂塔，塔中刻着这样的文字："吴越国王俶敬造宝塔八万四千所永充供养时乙丑岁记。"这里的乙卯岁是955年，乙丑岁是965年。苏州虎丘塔地宫出土的铁铸金涂塔的制作年代是宋太祖建隆二年（961年）。看来，吴越国王在十年的时间里铸造八万四千塔之事是属实的，这些塔的高度都在1尺左右，而且大多数是刻模翻

图85 浙江杭州闸口白塔

图 86 日本福冈誓愿寺藏钱弘俶铜铸金涂塔　　　图 87 浙江杭州雷峰塔遗址出土的吴越国鎏金银塔

铸的，比较容易大量制造。即使如此，"八万四千"也可能只是一个虚数，表示数量众多的意思。

　　在日本东京国立博物馆、奈良国立博物馆、东京永青文库、福冈誓愿寺、兵库黑川古文化研究所分别收藏了一件吴越国的铜铸金涂塔（图 86）。它们的高度在15.2~21.5 厘米之间，都是四方形的平面，下部有一个扁平的束腰覆莲须弥座，塔身的四面各开一龛，刻有佛教故事。塔顶的四角做出了蕉叶形的插角装饰，表面刻着人物形象，在里面还各刻着一尊结跏趺坐佛像。塔顶正中有很矮的覆钵丘，上面竖立刹杆，承托着五至九重相轮，最顶部是火焰宝珠。塔的内部有四行铭文："吴越国王/钱弘俶敬造/八万四千宝/塔乙卯岁记"，塔内还铸出了"宝箧印经"的字样。这五座金涂塔有的是传世品，有的是出土品，它们的情况和文献的记载以及中国的发掘品都是相吻合的。

　　最为精美的此类塔是 2000 年在杭州雷峰塔遗址出土的鎏金银塔（图 87）。图中的塔高 35.6 厘米，包括塔座、塔身、塔刹三部分。塔身平面四方，上有山花蕉叶。塔身表面浮雕本生故事图像，如尸毗王割肉贸鸽、萨埵那舍身饲虎。本生故事流行于 5、6 世纪的中国佛教艺术界，以保存在敦煌莫高窟中的北朝壁画为代表。入唐以后，本生故事不再流行，代之以经变题材。吴越国重拾前朝流行的题材，表现出它在佛教艺术方面的特殊选择。塔顶为五重相轮刹杆，杆顶置火焰宝珠。

　　宝箧印经塔的形制，在北魏云冈石窟中的浮雕楼阁式塔的塔刹、隋代历城四门塔塔刹上可以看到相似的样式。实际上它们与北响堂石窟大佛洞中的浮雕方形亭阁式覆钵塔的样式应该是一脉相承的，只是在塔刹上有所不同。在中国人的眼里，这种方形塔身的覆钵顶塔就是来自印度的样式，吴越王既是仿照阿育王的故事，那么在造塔的样式上就自然地选择了当时人认为是印度的样式。其实，阿育王当年修建的佛塔完全不是这种样子的。但宁波阿育王寺珍藏着一件相传是阿育王当年所造的八万四千塔之一的小木雕塔，其造型与吴越国王的金涂塔完全相同。这种塔的造型在吴越国以后仍然被南方一带沿用着，如：1976 年 6 月间，在安徽省青阳县的一个塔基地宫内出土了一件金涂塔，高有 32.2 厘米，塔的外面有一个记事银牌，上面有南宋绍兴二十五年（1155 年）的纪年；福建泉州开元寺有一对宝箧印经式石塔，塔上有南宋绍兴年间（1131 ~ 1162 年）的石刻题记；浙江普陀山普济寺的多宝石塔上部也是这种样式，有 20 多米高，是在元朝的元统年间（1333 ~ 1335 年）建成的（图 88）；还有广东潮州开元寺的宝箧印经式石塔，高 4.2 米，可能是明代的作品。

　　五代十国时期的佛塔实物，除了吴越国之外，还有南唐国（937 ~ 975 年）留下的南京栖霞山的舍利塔，高 15 米，是一座八角形平面的五层石塔（图 89）；福州市乌石山的崇妙保圣坚牢塔又称乌塔，始建于闽国王延曦的永隆三年（941 年），高 35 米，是一座八角

图 88 浙江普陀山普济寺多宝塔（20 世纪 80 年代拍摄）

图 89 江苏南京栖霞山舍利塔（20 世纪 80 年代拍摄）

形平面的七层乌灰色花岗石塔；广州光孝寺的西铁塔铸造于南汉国大宝六年（963
年），是中国现存纪年最早的一座铁塔，平面为方形，原有七层，现仅存下面三
层。东铁塔铸造于南汉国大宝十年（967 年），高 7.69 米，是一座平面方形的七级
仿木构楼阁式塔。这些塔都是帮助我们了解五代十国佛塔建筑的珍贵资料。

砖石构筑的黄金时代

960 年，赵匡胤建立北宋，逐步结束了五代十国的分裂局面。1127 年，由于
受到金国的侵略，北宋丧失了半壁江山，康王赵构（宋高宗，1127 ~ 1162 年在位）

以杭州为首都建立了南宋，至1279年被蒙古人的元朝攻灭为止。这段时期的汉地佛教是向着民间化与世俗化发展，佛塔在建筑形式上也迎来了使用砖石构筑的黄金时代。

北宋的首都建在今天的河南开封，当时称作汴梁（或汴京），是北宋王朝的政治与佛教中心地。北宋皇室对于佛教一向采取提倡与扶植的态度，在翻译佛经、编辑佛教《大藏经》以及弘扬佛教思想等方面都有较大的进展。佛塔建筑也为后代创立了新型的模式，而首都开封一带的佛塔样式应该是当时其他地区学习的蓝本。

在开封现存的佛塔当中，位于东南郊的繁（pó）塔是年代最早的一座，约建于北宋太宗太平兴国二年（977年），原名叫作兴慈寺塔（图90）。根据历史文献记载，这座砖砌楼阁式塔原来是九层，在明朝初年受到了破坏，只留下了三层。后来又在残存的塔身上修建了一个七层的小塔作为刹顶，就成了今天这个样子，它的高度有31米多。繁塔的平面是六边形的，底边的宽度为14.10米，形体显得有些笨拙。第一层的塔身较高，仅在南面开辟一门，第二层在每一面都开了一门，而第三层的情况又和第一层相同。第一、二层的塔檐都砌出了较短的重檐，檐下安置着仿木构的砖制斗栱，估计原来三层及其以上的塔檐也是这种做法。三层塔身的外壁面镶嵌了数十种不同形状的砖佛像上万尊，组成了万佛题材。在第一层南门的门洞东西两侧，镶嵌着《金刚般若波罗密多心经》等六方石刻经，均为太平兴国二年赵安仁书写的；第二层南面门洞内还镶嵌了太平兴国七年刻写的六方佛经，这些都是研究繁塔的珍贵资料。

开封城最为著名的北宋佛塔，是

图90 河南开封繁塔

位于城内东北隅的祐国寺铁塔（图 91）。这座塔之所以被称为铁塔，并非因为它是用铁铸成的，而是因为它是用红、褐、蓝、绿等色的琉璃砖砌造的，并且是以红褐色为主调，远远望去就如同铁色一般，就被人们误称为"铁塔"了。铁塔所在的寺院是北宋时期著名的开宝寺。在宋太宗端拱年间（988～989 年），吴越王钱弘俶纳土归宋，特意向朝廷奉献了一座释迦牟尼舍利七宝塔，宋太宗派人从杭州迎回汴京，在开宝寺的福胜院内瘞埋供养起来。同时，宋太宗诏令当时著名的木工大师喻皓历时八年设计修建了一座木塔，高 360 尺，是八角形十三层的楼阁式塔，这就是中国建筑史上著名的开宝寺塔，其高度是当时汴京佛塔之最。1013 年，宋真宗（997～1022 年在位）给它赐名为"灵感塔"。不料到了宋仁宗庆历四年（1044 年），开宝寺塔遭雷火焚烧化为灰烬。五年以后，宋仁宗（1022～1063 年在位）决心重新建塔，把地方从福胜院改到了上方院，材料也由原来的木料改成了砖和琉璃面砖。不过，塔的形式仍然是八角十三层，还力求仿照原有的木构形式，高度仍然是 360 尺，塔名也仍旧称作"灵感塔"。明朝重修开宝寺后，将寺院改名为祐国寺，灵感塔也就因此被人们称为祐国寺塔了。它是中国现存时代最早、最高的一座琉璃砖塔。

图 91 河南开封祐国寺铁塔

祐国寺铁塔的高度有 54.66 米，内部用砖砌成，外部用琉璃砖瓦包砌。在塔身的每一层都做出了仿木构的门窗、柱子、斗栱、额枋、塔檐、平座等，是由二十八种不同标准的砖制构件拼砌而成的。细高的塔体向上逐渐内收，形成了八棱锥形，没有弧度，塔顶的宝刹做成了火焰宝珠形。在塔身表面的琉璃砖上均有各式各样的装饰花纹，其中有佛、菩萨、飞天、天王、金刚力士、狮子、莲花以及胡僧形象等等，共有五十余种之多，堪称一座大型的琉璃烧制艺术品。据

《开封府志》记载：这座塔的下面原来还有塔座。由于历史上黄河的多次泛滥，泥沙把塔座淹没了。

　　与繁塔相比较，铁塔的仿木构特征是十分明显的，而繁塔的塔檐没有做出如屋檐状，而且出檐很短，更适合于砖塔的建筑形式。所以，开封的这两座砖塔，就为我们提供了当时北宋中央地区佛塔最高级别的范本样式，最起码也是汴京一带曾经流行过的佛塔建筑形式，可以作为其他地区建塔的指导与参考。山西芮城圣寿寺舍利塔创建于北宋仁宗天圣年间（1023～1032年），为十三级的仿

图 92　陕西彬县开元寺塔（20 世纪 80 年代拍摄）

木构楼阁式塔，高 46 米；山西太谷无边寺塔，建于北宋哲宗元祐五年（1090 年），高 40 多米，为七层仿木构楼阁式砖塔，塔刹是以仰莲台承托的宝瓶；江苏镇江甘露寺铁塔，建于北宋神宗元丰年间（1078～1085 年），现存的下部两层塔身为宋代原物，仿木构楼阁式；安徽蒙城兴化寺塔，建于北宋徽宗的建中靖国至崇宁年间（1101～1106 年），为十三层楼阁式砖塔，高 36 米；福建福州涌泉寺内的千佛陶塔，烧制于北宋神宗元丰五年（1082 年），是九层的仿木构楼阁式塔，高 6.83 米；福建长乐区的三峰寺塔，建造于北宋徽宗政和七年（1117 年），高 27 米，为八角形平面的七层仿木构楼阁式石塔；山东长清灵岩寺辟支塔，建于北宋仁宗嘉祐年间（1056～1063 年），为九层砖石合砌的楼阁式塔，高 54 米；济宁崇觉寺铁塔，建于北宋崇宁四年（1105 年），原为七层仿木构楼阁式塔，现在九层塔的最上两层是明朝万历九年（1581 年）重修的结果；湖北当阳玉泉寺铁塔，铸造于北宋嘉祐六年（1061 年），在塔身上还铸着这座塔的名称："佛牙舍利宝塔"，它是一座十三层的仿木构楼阁式塔，高 16.94 米；广州六榕寺花塔，建成于北宋哲宗绍圣四年（1097 年），是一座九层的砖木混合楼阁式塔，高 57 米；苏州罗汉院双塔，

是北宋太平兴国至雍熙年间（976～987年）的建筑，都是七层楼阁式砖塔，通高都在30余米；陕西彬县开元古塔也是北宋时期的作品，为七层仿木构楼阁式砖塔，高50余米，与开封祐国寺铁塔相比，它的塔身显得粗壮一些（图92）。这些宝塔与开封铁塔一样，塔身的平面都是八角形的，塔檐的构造也和开封铁塔、繁塔有一定的相似性。

祐国寺铁塔的造型无疑当来自更早一些的设计，也许可以使我们追溯到唐末与五代时期。现存于苏州云岩寺的虎丘塔，是在五代后周的显德六年至北宋太祖建隆二年间（959～961年）建成的，是一座八角形平面的七层仿木构楼阁式砖塔，高47.5米，塔檐挑出比较短（图93、94）；江西省景德镇市浮梁县旧城原西塔寺内的红塔，是北宋建隆二年县民黎文表倡建的，是一座六角形的七层仿木构楼阁式砖塔，高约50米。虎丘塔与浮梁古塔都显得比较粗壮，在塔身表面的装饰上也有一定的相似性，它们的造型样式来源虽然不太明确，但却可以为开封铁塔与繁塔风格的形成提供一些参考依据。

图93 江苏苏州云岩寺虎丘塔　　　　图94 江苏苏州云岩寺虎丘塔剖面图

在北宋时代，类似于西安小雁塔样式的密檐式砖塔还在继续建造着，如：四川彭州正觉寺塔修建于北宋天圣元年至四年间（1023～1026年），是一座方形平面的十三层密檐式塔，高有 28 米；四川宜宾旧州白塔，是在北宋元符元年至大观三年之间（1098～1109年）建成的，是一座方形平面的十三层密檐式砖塔，通高 29.5 米。这些塔在造型方面都和小雁塔有着很多的相似之处。

花塔，作为中国古塔的一种类型，是在北宋时期才真正形成

图 95　河北曲阳修德寺花塔

的。如果要追溯它的历史，在唐代的个别亭阁式高僧墓塔顶部装饰楼阁和莲瓣的做法，也许开了建造花塔的先河。石家庄市井陉县旧城陶河畔的一座花塔有 20 余米高，属于北宋时期的作品。它的第一层塔身平面为方形，再向上是八角形的平座与上层塔身，最上部是巨大的花束状的圆锥形塔身，表面用砖雕出了狮、象、龙、虎等动物以及佛、菩萨等形象。在这些砖雕形象的外面，原来应该是敷泥彩绘的。河北曲阳修德寺塔高有 20 多米，是北宋真宗天禧三年（1019年）建成的，它的第二层塔身做成了用三重莲瓣承托着的高大花束，实际上有两层的高度，而第三至第六层塔身则是八角形平面的砖砌楼阁式塔形制（图 95）。山西太原的日月光佛塔，是台基相连的一对连理塔，建于北宋太宗淳化元年（990年）。这两座塔都是平面方形的亭阁式花塔，在塔身的上部用砖砌出了四层巨大的莲花瓣，顶上还有八角形的亭阁式塔刹与宝珠，整个塔的造型工艺十分精巧。花塔类型的出现，又将砖石建塔技术推向了一个新的高度。

苏州的报恩寺塔，是南宋绍兴年间（1131～1162年）的作品，它使用砖木混合材料将塔做成了八角形平面的九层楼阁式，高 76 米；福建莆田市广化寺东侧的释

图 96　福建泉州开元寺仁寿塔立面图　　　　图 97　上海松江兴圣教寺塔（20 世纪 80 年代拍摄）

迦文佛塔建成于南宋乾道元年（1165 年）以前，是一座 36 米高的八角形五层仿木构楼阁式石塔；泉州开元寺双石塔建造于南宋嘉熙二年（1238 年）以前，其中的仁寿塔高 44.06 米，镇国塔高 48.24 米，都是塔身粗壮的五层楼阁式塔（图 96）；武汉兴福寺塔建造于南宋咸淳六年（1270 年），高 11.25 米，八角形的平面，是一座四层仿木构楼阁式石塔；四川大足北山多宝塔是南宋绍兴年间的建筑，外形为八角形平面十三层楼阁式，高 30 多米。这几座南宋楼阁式塔都具有高低适度、粗细较匀称的塔身，在对木构佛塔的仿制方面仍然保持着北宋以来的传统。

　　除了上述的砖石佛塔之外，宋代还有一些木构佛塔幸运地保存至今，使我们可以一睹当年木塔的风采。河北正定天宁寺木塔虽然是晚唐时期创始的，但现存的塔体却是宋代的遗物，它是八角形平面的楼阁式塔，共有九层，高 46 米；上海松江区兴圣教寺塔是北宋熙宁年间（1068 ~ 1077 年）建成的，是一座方形平面的九层楼阁式塔，高有 48.5 米（图 97）。江苏常熟崇教兴福寺塔建于南宋咸淳年间（1265 ~ 1274 年），是一座九层的砖身木檐楼阁式塔，高 60 余米。这两座塔的样式基本继承了唐代的方形木塔特点。浙江湖州的飞英塔，外层是八角形平面的七层楼阁式木塔，建于南宋理宗端平年间（1234～1236年）；塔内还有一座石塔，建于南宋高宗绍兴二十四年（1154年），是比较奇特的。陕西礼泉县的薄太后塔是七层楼阁式砖塔，高40余米，它的平面也是方形的，而且在塔身外观上力求模仿木建筑的结构，表现出了唐代楼阁式佛塔的遗风。

辽国、金国的非凡设计

如果说宋朝的楼阁式砖塔真正代表了汉族地区的佛塔建筑风采，那么，在大宋国以北的北方地区独领风骚的佛塔，就当数辽、金时代的密檐式砖塔了。

契丹族是生活在辽河和滦河上游的少数民族，主要从事游牧和渔猎。916年，契丹贵族耶律阿保机（872～926年）统一了各部，在临潢府（今内蒙古昭乌达盟巴林左旗林东镇南面）自立为皇帝，是为辽太祖，建立了政权。947年，契丹人把国号改为"辽"。直到1125年被女真人的金国消灭为止，辽国共立国二百多年时间，国土包括大漠南北和东北的广大地区，在幽州（今北京市）到云州（今大同市）一线与北宋接壤。辽国皇帝素来信仰佛教，他们都对佛教采取保护政策，特别是在辽圣宗、兴宗、道宗三朝（983～1100年）中间，辽国的佛教事业达到了极盛。仅以佛塔而言，在建筑样式与风格方面都取得了辉煌的成就。

现存于中国华北与东北地区为数众多的辽国密檐式佛塔，与前期的密檐式塔比较而言，具有其特殊的艺术风格。它们的平面以八角形居多数，塔身下部的基台一般是一个高大的束腰须弥座，座上用砖雕出了仿木构的斗栱以及佛、菩萨、伎乐、狮、象等浮雕；在第一层塔身的下部以双层的仰莲瓣承托，在塔身表面做出了立柱、门、窗，并且浮雕着佛龛、佛与菩萨、飞天、力士等形象。第一层塔身之上是多层的密檐，向上逐渐内收，每一层塔檐都做出了斗栱、椽子、飞头、瓦垄等仿木构建筑部件。塔顶一般做成八面坡式，最上面安置塔刹。这些密檐式塔的内部完全是实心的，无法攀登而上，这点与前期的密檐式塔不相同。辽国的佛塔充分吸收了木构佛塔的风格，使密檐式佛塔的外形达到了一个华丽而完美的境界。

图 98 内蒙古赤峰市辽中京大塔

　　现存辽国的著名古塔主要有以下几例。秦皇岛市昌黎县的源影塔，共十三层，高约 30 米，第一层塔身用重楼城阙与飞廊阁道共同组成了看似天宫楼阁的组雕，为一般辽国的密檐式塔所不见。在内蒙古赤峰市宁城县的辽中京遗址内，有一座十三层密檐式佛塔，高 80 米许，是辽、金古塔中最高大的一座，辽统和二十五年到寿昌四年（1007～1098 年）间所建（图 98）。与这座辽中京大塔相对应的还有一座小塔，也是十三层密檐式。内蒙古巴林左旗辽上京南塔，距上京城遗址约有 5 千米，共有七层，高约 25 米。辽宁义县嘉福寺塔，建于辽圣宗开泰九年（1020 年），共十三层，高 42.5 米，上半部的塔身已经残损，塔刹的形状已不清楚了。锦州广济寺塔建于辽道宗清宁三年（1057 年），十三层，高 57 米，塔檐与塔顶残破较为严重。锦州市北镇市的崇兴寺双塔，东西对峙，相距约有 40 米，都是十三层，其中东塔高 43.8 米，西塔高 42.7 米，是辽、金时代的双塔中最为完整与雄伟的一处。锦州市兴城县白塔峪白塔，建于辽道宗大安八年（1092 年），十三层，高43 米，塔顶已经残损。位于辽国黄龙府旧址上的吉林省农安塔，建于辽圣宗时期（983～1030 年），十三层，高有 33 余米。山西灵丘觉山寺塔，建于辽道宗大安六年（1090 年），十三层密檐，高 43.54 米。毁坏于抗日战火之中的北京房山云居寺南塔，是一座十一层的密檐式砖塔，建于辽天祚帝天庆七年（1117 年）。1956 年，在塔下的藏经穴中发现了 10082 块石刻佛经经板，还有一个辽代的舍利函。北京天宁寺塔，可能是辽国末期的作品，共有十三层，高 57.8 米，塔刹由两层的八角形仰莲和须弥座、宝珠所组成。上述这些著名的佛塔都是八角形平面。

另外，辽宁省朝阳市凤凰山云接寺塔高 32 米，也是一座十三层的密檐式佛塔，它的平面却是辽塔中所罕见的方形，并且从第二层以上都是叠涩出檐的（图 99）。相近的塔例还可见于辽宁朝阳市城内的南塔与北塔，在北塔的内部曾经发现了唐玄宗天宝年间（742～756 年）的彩画，证明了它是在唐代密檐式塔的基础上重新包砌而成的。这就是令人罕见的辽代方形檐密式塔建造的原因。

除了密檐式塔以外，辽国还建造了楼阁式塔。内蒙古呼和浩特东郊辽丰州故城内的万部华严经塔，大约建造于辽道宗（1055～1101 年在位）时期，是一座八角形平面的七层仿木构楼阁式砖塔，现存高度为 43 米。位于赤峰市巴林右旗辽庆州古城遗址内的庆州白塔，是大契丹国章圣皇太后特建的"释迦佛舍利塔"，建成于辽兴宗的重熙十八年（1049 年），也是一座八角形平面的七层仿木构楼阁式砖塔，总高度为 73.27 米。

山西应县佛宫寺释迦塔，是辽国楼阁式塔的代表作，全

图 99 辽宁朝阳云接寺塔（20 世纪 80 年代拍摄）

图 100 山西应县佛宫寺释迦塔

图 101 山西应县佛宫寺释迦塔剖面图

部用木构建成，也是中国现存年代最早的一座纯木构的大佛塔（图 100、101）。应县木塔建造于辽道宗清宁二年（1056 年），是一个名叫田和尚的尊奉皇帝的诏令募缘建造的，它是佛宫寺中的主要建筑。这座木塔建造在一个石砌的高台之上，塔身的外观是八角形平面的五层楼阁式，而在塔身的内部每层间又有暗层，所以在内部实际上是九层。塔的总高度是 67.31 米，仅塔刹就高达 10 米。在第一层塔身之上有两层塔檐，每层塔身都用木构做出了平座、栏杆、立柱、斗栱、门窗、瓦垄等，是非常典型的辽宋时代的木构建筑，也是我们研究当时木建筑历史的重要参考对象。塔身内部珍藏着许多辽国的泥塑佛像和壁画。1974 年在对木塔进行维修时，还发现了一批珍贵的辽国佛教经卷，其中有手抄本和木版印刷本，对于研究中国印刷工艺发展史具有重大意义。

图 102　北京房山坨里花塔

从北宋开始的砖砌花塔，在辽国的管辖范围内也在建造着。在北京房山区坨里的云蒙山南麓，有一座辽道宗咸雍六年（1070 年）以前建成的花塔，通高在 30 米左右（图 102）。塔身的平面呈八角形，下部有高大的束腰须弥座，座上塔身的四个正面开设着拱券门，门的两旁和顶部雕刻着佛、菩萨和金刚力士像。在塔檐上设置了斗栱和平座，用来承托巨大的圆锥花束形上层塔身，这个花束形塔身是以七层的小塔龛和狮、象等动物形象装饰所组成的。最上部的塔刹为八角形小亭阁的形式。在唐山市丰润区西南方的车轴山上也有一座辽国的花塔，总高为 28 米，下部的塔身是八角形亭阁式，在仿木构的塔檐之上是由七层方形亭阁式小塔龛组成的上层圆锥花束形塔身，最上部是由重层莲瓣的刹座、青铜覆钵、宝珠组成的塔刹，现在已经不存在了。

辽国还建造过一种造型特殊的覆钵式塔。北京房山云居寺北塔，修建于辽天祚帝的天庆年间（1111 ~ 1120 年），它的塔身是两层八角形的楼阁，而在塔身上部则砌筑成覆钵丘和多重相轮。天津蓟县观音寺白塔，虽然经过了明清时代的重修，但它的主体造型然仍保持了辽国的原始风格（图 103）。这座塔建造于辽道宗清宁四年（1058 年），通高 30.6 米，最下面是一个束腰的须弥座，座上是八角形的塔身，在八个折角处都有一个三层小塔，塔身上部有两层叠涩的塔檐，再向上则是八角形的台座、覆钵丘、十三重相轮和铜造的塔刹。观音寺白塔是密檐式塔和覆钵式塔相组合的形式。辽国建造这种覆钵式塔的思想，应该是参考了唐、五代的覆钵

图 103 天津蓟县观音寺白塔

式塔和楼阁式、密檐式塔组合而成的。关于唐、五代的覆钵式塔，我们虽然已经看不到实物了，但在敦煌莫高窟第 23 窟盛唐壁画，以及安西榆林窟第 32、33 窟五代时期的壁画中可以找到它的图像资料。

1125 年，辽国被女真族人建立的金国消灭了。1127 年，金国又大举南下，占领了北宋的首都汴京，攻占了黄河流域以及淮水以北的地区。直至 1234 年被蒙古族人消灭为止，中原北方地区一直处在金国的统治之下。从 1123 年金太宗完颜晟（1123～1135 年在位）即位开始，金国的皇室就一直奉行佛教信仰，在佛教艺术方面也取得了相当可观的成就，其中佛塔建筑仍然是沿着辽国的轨迹继续向前发展着。

辽阳市白塔公园内的白塔，建造于金世宗大定二十九年（1189 年），是一座平面八角形的十三层密檐式塔，高 40 余米。北京通县的燃灯舍利塔，也是八角形平面的十三层密檐式塔，高 53 米。这两座塔基本继承了辽国的建塔风格。山西省浑源县的圆觉寺塔，始建于金正隆三年（1158 年），虽然经过了明代的重修，但仍然具有金国特有的风貌。它是一座八角形平面的九层密檐式塔，高 30 余米，塔顶有铁制的塔刹，最顶端是一个铁鸟，可以随风旋转，作为风向的指示标（图 104）。辽宁鞍山市的千山香岩寺塔，是金国所建的八角形平面九层密檐式砖塔，高 20 米左右。将辽国惯用的十三层密檐改为九层，也许是金国对于密檐式塔的一项改进，但在具体的作法方面仍然是辽国风格的延续。

河南安阳市的天宁寺塔，是一座砖筑的仿木构密檐式塔，它具有八角形的平面，共有五层，总高在 38.65 米。塔身坐落在一个高达 2 米的砖砌台基之上，台基的上层有砖砌的多层莲瓣。第一层塔身的八面分别装饰着立柱、拱门、直棂窗等

仿木构件，在门窗的上方又雕塑
了佛、菩萨以及佛传故事题材。塔
檐逐级向上增大，形成了上大下
小的伞盖形状，在各层塔檐的下
面都有仿木构的斗栱。塔刹是一
座高约 10 米的小型辽金式覆钵塔
（图 105）。它的形象虽然比较特
殊，但仍然属于辽金的砖砌密檐
塔样式。

　　此外，金国还仿照唐朝小雁
塔的样式修建了自己的密檐式砖
塔。洛阳白马寺东南的齐云塔，
建造于金大定十五年（1175 年），
它具有四方形的平面，十三层的
叠涩短檐，总高为 35 米，整个塔
身的外部造型像小雁塔一样也呈
现着圆和的抛物线形状。

　　保存至今的金国佛塔除了密
檐式之外，还有楼阁式塔和花塔。
楼阁式塔如北京房山区良乡镇东
北的昊天塔，为八角形平面的五
层仿木构空心砖塔，高 26.7 米。
花塔如北京长辛店云岗村东面的
镇岗塔，总高 18 米，是一座具有
八角形塔身的花塔，表面雕刻极
为精细，继承了辽国的传统。河
北正定广惠寺花塔也是金国的作
品，高 40.5 米，是一座三层的八

图 104　山西浑源圆觉寺塔

图 105　河南安阳天宁寺塔

图 106 河北正定广惠寺花塔（20 世纪 80 年代拍摄）

角形楼阁式花塔（图 106）。这座花塔第一层在四角处又各建了一座六角形的亭阁式塔，使这座花塔具有了金刚宝座式塔的意义。第二、三层塔身的表面都做出了仿木构的门窗等，塔身上部的圆锥形花束占去了全塔总高的三分之一，精心雕塑出了佛、菩萨和虎、狮、象、龙等动物形象。广惠寺的花塔是中国花塔建筑中比较特殊的一例。河北涞水庆华寺的花塔也可能是金国的作品。

经过了北宋与辽、金的发展，基本上奠定了中国砖筑佛塔的样式，为后代的佛教信众再行建塔供养佛祖舍利，提供了极为丰富的模仿与参考对象。

夕阳里的余晖

元、明、清时代，中国汉地佛教的发展走向了低谷。与此同时，在中国的西藏、青海一带，藏传佛教异军突起了，并且不断地对汉族地区的佛教产生强烈地影响。中国汉传佛教的佛塔建筑犹如夕阳里的余晖，仍然散发着绚丽的光彩。在本小节里，我们将重点介绍中国汉传佛教佛塔建筑的最后发展情况，有关同时期的藏传佛教佛塔，我们将在下面作为专章论述。

楼阁式、密檐式塔，是汉传佛教佛塔的代表。在元朝统治的近一百年间（1271～1368 年），朝廷在全国范围内特别提倡藏传佛教，因此，我们目前能够确定属于元朝的汉传佛教佛塔建筑是极其有限的。河北赵县的柏林寺塔，是元文宗天历三年（1330 年）建造的，是一座八角形平面的七层密檐式砖塔，通高在 40 米左右，从它的总体建筑风格来看，完全是辽、金密檐式砖塔的延续，只不过密檐的层间距拉大了，而层数更加减少了。其实，辽、金风格的密檐式砖塔就是到了明代也仍然被继续仿造着。北京西郊八里庄的慈寿寺塔建于明朝万历四年（1576年），是万历皇帝（1573～1620年在位）为他的母亲李太后建造的，塔高50余米，十三层，八角形平面，比柏林寺塔更加真实地模仿了辽、金密檐式塔的标准形式，只是在须弥座的上部雕刻出了笙、箫、琴、瑟、云板、铜锣、鼓、笛等乐器形象，反映了明代特有的风格。河北涞水金山寺的千佛舍利塔建于元成宗大德四年（1300年），是一座八角形平面的十三层密檐式塔，全部用汉白玉雕刻而成，高8.18米，最具特点的是在第一层塔身的八面刻出了843尊佛像，所以被人们称为千佛塔。湖北武汉宝通禅寺的灵济塔，又名洪山宝塔（图107），建造于元成宗大德十一年至元仁宗延祐二年间（1307～1315年），是一座八角形平面的七层楼阁式砖石合筑塔，高约43米，每层塔身上做出的平座、斗栱、塔檐，又会使我们联想到北宋以来的八角形仿木构楼阁式砖塔。浙江宁波阿育王寺塔，是始建于唐朝、重修于元朝的佛塔，是平面六角形的七层楼阁式砖塔，高约37米，每层塔檐都是仿木构屋檐的形式。

1368～1644年，是明朝统治时期，汉传佛教的佛塔建筑主要表现在砖筑的楼阁式塔之上。当年建造的大报恩寺琉璃塔，可以称得上是中国建筑史上曾经显赫一时的奇观了。

明朝的南京大报恩寺，是与天界寺、灵谷寺齐名的南京三大佛寺之一。它的遗址在今天南京长干桥的东南，雨花路东的位置上。大报恩寺中的琉璃塔，原来是寺院中的一座重要建筑，是由明成祖朱棣（1403～1424年在位）亲自主持建造起来的。朱棣

图107　湖北武汉洪山宝塔（20世纪80年代拍摄）

是明太祖朱元璋（1368～1398 年在位）的第四个儿子，他的母亲硕妃在生下他时，由于受到皇后的陷害被活活折磨死了。朱棣当上皇帝以后，把首都从南京迁到了北京，为了给屈死的母亲超度亡灵，不惜动用皇家宫殿级别的制度和材料，修建了大报恩寺，当时担任监工的就有著名的太监郑和（约 1371～约 1433 年）。从永乐十年（1412 年）开始动工，经过了十年的时间方才建成了寺院。而作为主要崇拜对象的琉璃宝塔，直到宣德六年（1431 年）才正式完工。根据历史文献记载，大报恩寺琉璃宝塔的高度大约有 100 米，共有八面九层，塔的外壁是用白瓷砖砌成的，在每一块瓷砖的中部都有一尊佛像。每层塔檐的盖瓦和拱门都是用五彩琉璃砖瓦修砌而成，拱门上还装饰了金翅鸟、龙、狮、象、童男等密教六拏具的形象。第一层的八面还在拱门之间镶嵌了白石雕刻的四大天王像。塔刹上有铁铸的九重相轮，刹顶上还有黄金铸成的宝珠，从顶上垂下了八条铁链，搭在塔顶的八个挑檐之上，铁链上还悬挂着 72 个风铃。我们可以想象，当年的大报恩寺琉璃塔是何等的金碧辉煌与五彩斑斓。令人们可惜的是，这座被外国人推崇为中世纪奇迹之一的"南京瓷塔"，在耸立了四百多年以后，于 19 世纪中叶被太平军毁坏了。

图 108 江苏南京大报恩寺琉璃塔拱门（南京博物院藏）

1958 年，南京市文物工作者在这座塔的遗址内发现了许多五彩琉璃构件，上面的象与狮子等形象仍然光彩夺目，可以使我们领略到当年这座宝塔的雄姿。拱门上的琉璃砖浮塑像表现着迦楼罗、鲸鱼、龙女、童男、兽王、象王等密教六拏具的形象（图 108）。迦楼罗，又名金翅鸟，是佛教的八部护法神之一，表慈悲。鲸鱼，是海中大鱼，象征保护之意。龙女，上半身为女子形，下半身为龙体，表救度之相。童男，表资福之相。一般用童子骑有翼山羊表现，而

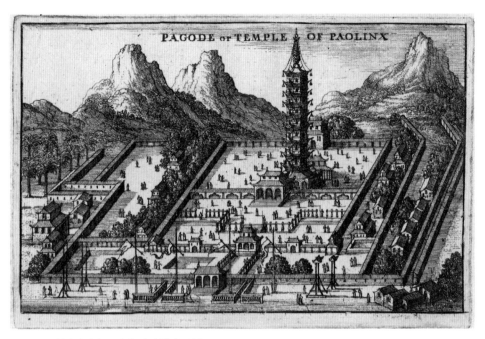

图 109　江苏南京大报恩寺与琉璃塔全图版画

有翼山羊具有吉祥之意。兽王一般用狮子表现，比喻自在相，但在图中的拱门上被略去了。象王表示善师。六拏具合起来还表示佛教中的六度之意，即布施、持戒、忍辱、精进、禅定、智慧。

　　由于大报恩寺塔的盛名，在过去的一些史书中记录有它的图形。此外，在清代来华的一些欧洲艺术家和旅行家还以版画的形式记录了当时他们看到的大报恩寺和琉璃宝塔的景况。例如，约翰·尼乌霍夫（Johan Nieuhof，1618～1672 年）是一名荷兰旅行家，曾经在巴西、中国和印度旅行，其中最著名的是 1655～1657 年间从广州到北京的 2400 千米的旅行，使他一举成为了一位权威的关于中国的西方作家。他在 1665 年出版了当时关于中国的最权威著作——《联合省东印度公司的使者》（An Embassy from the East-India Company of the United Provinces）一书，第 84 页有一幅版画插图，描绘了清代初年的大报恩寺和琉璃塔盛况（图 109）。我们可以看到，它是一座八角形平面的九层仿木构楼阁式塔，在每层的塔身表面都用琉璃砖做出了仿木结构的门窗、立柱、斗栱、塔檐等等，整个塔身如同一个八棱锥体，逐级向上收分，与北宋开封祐国寺铁塔的建筑风格是一脉相承的。这座琉璃

图 110　山西洪洞广胜寺飞虹塔

塔虽然不复存在，而在其他地区还保存着不少明朝修建的楼阁式砖塔，有的很可能就是在大报恩寺塔的直接影响下建成的，它们可以使我们了解到明朝汉传佛教佛塔建筑的一般风貌。

山西洪洞广胜寺中的飞虹塔，是现存中国古代琉璃塔中的瑰宝（图 110）。飞虹塔通高47.31米，为八角形平面的十三层楼阁式塔，建于明嘉靖六年（1527年），到了明天启二年（1622年）又增建了底层的回廊。这座塔的外表全部用五彩的琉璃砖瓦包砌着，每层塔身都做出了仿木结构的平座、柱枋、飞椽、斗栱、塔檐等等，并且镶嵌着丰富多彩的佛、菩萨、金刚力士、龙、鸟以及动植物图案琉璃浮塑，形成了壮丽的多层佛国世界。它的塔刹是由一大四小的覆钵式塔构成，形成了奇特的金刚宝座式塔刹。塔身逐级向上收分，与前人描绘的大报恩寺琉璃塔外形大有相似之处，因此很可能是受到了大报恩寺塔的影响。

　　山西太原永祚寺双塔，是明朝万历年间（1573～1620 年）由一位法号叫佛澄的高僧奉皇帝圣旨修建的，二塔都是十三层，通高 54.7 米，在塔檐上装饰了琉璃瓦兽，给这座砖塔带来了绚丽的色彩。山西五台山的竹林寺塔建于明朝弘治年间（1488～1505 年），是一座五层 26 米高的砖塔。山西永济市万固寺的多宝佛塔，建成于明朝万历十四年（1586 年），共有十三层，高 54 米。福州市的定光寺塔建于明朝嘉靖二十七年（1548 年），共有七层，高 41 米。湖北沙市的万寿宝塔，是明朝嘉靖二十七年至三十一年间（1548～1552 年），藩王朱宪㸌（jié，1526～1582 年）为嘉靖皇帝祈寿而建立的，共有六层，高约 40 米。陕西省泾阳县原铁佛寺内的崇文宝塔，建造于明朝万历十九年至三十年间（1591～1605 年），是一座十三层、高 79.19 米的砖塔，它的高度仅次于河北定县的料敌塔和辽中京大塔，是中国现存古塔中的第三高塔。这些著名的明朝砖塔都是八角形的平面，大部分在塔身的表面都保留着仿木结构的平座、斗栱、塔檐、瓦垄等等，但比起宋、辽时代的仿木构砖塔，明朝砖塔的仿木构不论是形式还是内容，都已经大不如从前了，它们开始更多地发挥着砖筑佛塔所擅长的叠涩形式。由于木构佛塔已经更多地被砖筑佛塔所取代，所以在砖筑佛塔的表面也就用不着像以往那样去力求和木构佛塔的表现相一致了。

图 111　山西永济普救寺莺莺塔（20 世纪 80 年代拍摄）

山西永济市普救寺的莺莺塔，是明朝嘉靖三十九年（1560年）前后在唐塔的基础上修建成的。普救寺是《西厢记》故事发生的场所，所以这座塔又被人们取名为莺莺塔。它有50多米高，是一座砖筑叠涩出檐的方形平面十三层楼阁式塔。塔身的形状很像一个方形锥体，保留了很多唐代方形密檐式塔的特点（图111）。

明朝还修建了一座极为罕见的圆筒塔（图112），位于辽宁义县万佛堂村大凌河北岸的悬崖绝壁之巅。它是在明朝成化十年（1474年），曾经驻守在万佛堂的骠骑将军王锴为了给他的母亲祈寿，命令士兵们修建的。这是一座高3.4米的上小下大的圆筒形佛塔，塔顶上有一个小圆石盖，盖上是一个用三重石做成的宝珠，具有强烈的象征意义。

1644年，满族人建立的清朝入关后，直到我们现代，是中国佛塔发展的最后一个阶段。在这三百多年的时间里，汉传佛教的佛塔建筑基本上没有什么创新，它们只是在明朝佛塔样式的基础上稍加润色与装饰而已。

图112 辽宁义县万佛堂圆筒塔（20世纪80年代拍摄）

清乾隆四十五年（1780年），朝廷为了接待来北京给乾隆皇帝七十寿辰祝寿的六世班禅额尔德尼罗桑华丹益希（1738~1780年），特意在北京香山修建了一座宗镜大昭，这里的昭就是佛寺的意思。后来，这座宗镜大昭被八国联军破坏了，而一座高40米左右的琉璃宝塔却幸运完整地保存了下来（图113）。这座塔的平面为八角形，是一座七层的楼阁式塔，塔的下面是一个石砌的方台，上面建着附阶与八角形的回廊。回廊的顶部是一个八角形的平台，它的外缘环绕着白石栏杆，平台的正中建立着七层琉璃塔身。塔身的内部是实心的，外面是用黄、绿、紫、蓝等色的琉璃构件仿木构砌筑而成，做出了柱子、拱门、斗拱、额枋、檐椽和瓦垄等，塔顶上是一个巨大的琉璃宝珠作为塔刹。这座塔身的收分不大，塔檐也伸出很短，可见其中仿木构的装饰成分是极其鲜明的。

　　与香山琉璃塔相似的清代楼阁式塔，有北京玉泉山的玉峰塔，共有七层，高30米左右。承德避暑山庄内的永佑寺舍利塔，建造于清乾隆十六年（1751年），共有九层，高达70米，在各层的塔檐上都施有黄、绿等色的琉璃瓦，塔顶是一个高大的鎏金宝顶塔刹。承德须弥福寿之庙琉璃塔，建造

图 113　北京香山宗镜大昭琉璃塔

于清乾隆四十五年（1780年），它的造型风格与香山琉璃塔极为相近。太原晋祠原奉圣寺塔院中的舍利生生塔，共有七层，高38米，重建于清乾隆十六年（1751年），在塔檐上也用琉璃瓦件作为装饰。北京颐和园万寿山后山的一座多宝琉璃塔，大约建造于清乾隆年间，在塔身的出檐上与香山琉璃塔很相似，它是三层楼阁式与密檐式相结合的形式，塔身的外表还满嵌着琉璃小佛像。

　　江苏镇江金山寺的慈寿塔，重建于清光绪二十六年（1900年），塔身是砖砌的，而塔檐与平座、栏杆等外表的部分都用木构建成。慈寿塔的平面呈八角形，共有七层，高约40米，塔身向上的收分不大，每层塔身的塔檐八角都上挑较高，具有清代江南佛塔的秀丽风采（图114）。宁夏银川的海宝塔，原来可能是西夏国时期建造的，经过清朝康熙年间（1662～1722年）的重修，就成了今天这种造型。它的平面呈十字折角形，塔身每面的正中都向前突出一部分，这种结构我们还没有在其他楼阁式塔中见到。这座塔共有九级，通高53.9米，在每层塔身的正中都开辟圆券形门，两侧设置圆拱形假龛。它的塔刹是用绿色琉璃砖砌成的四角攒尖

图 114 江苏镇江金山寺慈寿塔（20 世纪 80 年代拍摄）

图 115 宁夏银川海宝塔（20 世纪 90 年代拍摄）

顶和桃形的刹顶，并没有相轮与宝珠等物，这也是很特殊的现象（图 115）。

1912 年中华民国建立以后，佛塔的修建仍在继续着，但在风格与造型方面，只是延续着前朝的样式而已。保存下来的比较著名的佛塔主要有以下几例。四川彭州市有一座金刚宝座塔，建于清朝末年至民国初年，完全是模仿古代印度佛陀伽耶金刚宝座塔的形制，但四偶的小塔却相对增大了（图 116）。黑龙江哈尔滨市极乐寺东院的七级浮屠，是佛教临济宗的第四十四传弟子们于 1924 年建成的。这座塔的平面呈八角

图 116　四川彭州金刚宝座塔（20 世纪 90 年代拍摄）　图 117　北京八大处灵光寺佛牙舍利塔

形，砖筑仿木构楼阁形式，在塔的东南西三面和北面三层以上开窗，其余各面则开辟拱形龛，龛内有罗汉浮雕像三十多尊。塔身向上的收分很小，显得较为粗壮。甘肃张掖原万寿寺旧址内有一座砖木合筑的佛塔，重建于 1926 年，是一座高 32.8米的八角形九层楼阁式塔。从第一层到第七层的内壁是用砖筑成，而塔身的外檐则用木构。最上面的两层全部用木料建成，对于中国佛塔来说是比较少见的。

　　根据佛经记载，释迦牟尼涅槃以后，他的灵牙有两颗被人间的信众供奉着，一颗在斯里兰卡，一颗在中国。传到中国的这颗佛牙，到了辽道宗咸雍七年（1071 年）八月，由辽国皇室在燕京（今北京市）修建了一座"招仙塔"供养起来。招仙塔是一座辽国典型的八角形平面、十三层密檐式砖塔。不幸的是，1900 年八国联军攻占北京之后，招仙塔被他们用炮轰毁了。当时，有一位僧人在塔基中发现了一个珍藏着佛牙舍利的石函，便把它妥善地保存起来。直到 1958 年，在北京佛教界的倡议下，终于在北京西山八大处第二处的灵光寺内开始动工修建新的佛牙舍利塔，并于 1964 年春落成。新建的佛牙舍利塔高 51 米，为八角形平面的十三层密檐式砖塔，完全参考了辽、金密檐式塔的造型（图 117）。这座宝塔的建成，不仅在佛教界具有重大的意义，而且也将北京西山的风光点缀得更加秀丽了。

青藏高原的雄风

　　藏传佛教属于北传佛教的一支，主要是在中国的西藏地区形成和发展起来的。藏族的祖先是生活在青藏高原上的吐蕃人，7世纪时，唐太宗李世民把宗室的女儿文成公主（625~680年）嫁给了吐蕃赞普（即国王）松赞干布（617~650年），佛教的信仰也随之来到了这个世界屋脊之上。9世纪中叶，赞普朗达玛（838~842年在位）禁止佛教流传，西藏所谓的"前弘期佛教"便终止了。到了10世纪后期，佛教在藏族地区复兴，开始了"后弘期佛教"。藏传佛教的教义以大乘佛教为主，特别重视大乘中的密教，他们有严密的寺院组织和学经制度，有译成了藏文的完整的经、律、论三藏经典。除了西藏地区之外，藏传佛教还流行（或曾经流行）于青海、四川康巴、甘肃、内蒙古、宁夏、陕西、河北及北京等地区。特别是从元朝以后，在统治阶层的大力扶植下，汉传佛教流行的地方也渗入了不少藏传佛教的建筑与艺术。于是，一座座藏传佛教特有的宝塔，便在中国的大地上拔地而起了。

党项人的选择

　　党项族是羌族的一个分支，他们最初生活在今青海和四川的西北部，过着游牧和狩猎的生活。到了北宋初年，党项族已经逐渐迁移到了河套地区，并伸向甘肃的河西走廊。1038年，他们的首领李元昊（1003~1048年）以兴庆（今宁夏银川市）为首都，建立了"大夏"政权。李元昊自称皇帝（夏景宗），他通过兼并战争，控制了今甘肃、宁夏、青海和陕西、内蒙古的一部分，历史上称这个国家为"西夏"，与辽国、金国先后成为与北宋"三足鼎立"的政权。直到1227年，西夏国最终被蒙古族消灭。在这建国的190年时间里，西夏为我们留下的文化遗产数目是相当惊人的，其中佛塔就是令人注目的一项内容。

　　西夏的历代皇帝都崇奉佛教，开国皇帝李元昊本人从小就了解佛教的基本理论，而且学会了吐蕃和汉族的语言文字。在他们的提倡与扶持之下，西夏国的佛教出现了兴盛景况。从总的方面来看，西夏的佛教是从周边国家相继传入的，他们主要吸收的是中原地区汉民族的佛教，在将外国的佛经翻译为西夏文的时候，又得

到了回鹘僧人的帮助和支持。在原属
于西夏国境内的宁夏与甘肃地区，我
们不难发现西夏国仿照汉族楼阁式、
密檐式、亭阁式、花塔等样式建造的
佛塔。如银川承天寺塔，为八角形平
面的十一层楼阁式砖塔，高 64.5 米，
是夏国皇太后为了瘗埋佛顶骨舍利于
公元 1050 年建造的（图 118）；宁夏
中宁鸣沙州城安庆寺塔，为八角形平
面的七层楼阁式砖塔，残高 21.4 米；
宁夏同心县康济寺塔，残高 39.2 米，
为八角形平面的十三层密檐式砖塔；
宁夏贺兰县贺兰山拜寺沟内的方形
平面十三层楼阁式砖塔，高约 30 米；

图 118 宁夏银川承天寺塔（20 世纪 90 年代拍摄）

图 119 宁夏贺兰山拜寺口双塔（20 世纪 90 年代拍摄）

贺兰山拜寺口双塔，是八角形与六角形平面的十三层密檐式砖塔，其中东塔高 39 米，西塔高约 41 米（图 119）；敦煌莫高窟前的原老君堂慈氏塔，是一座八角形平面的单层土坯木构亭阁式塔，高约 5.5 米，大约建造于 12 世纪后半期；敦煌城子湾花塔高约 9 米，用土坯砌筑成，表面用细泥塑制出了各种装饰，在八角形塔身的上部是多层宝装莲花塔身，很像一个巨大的圆锥形花束（图 120），它的时代可能略早于慈氏塔。在西夏国发展的中后期，西夏的佛教界对吐蕃佛教也采取了兼收并蓄的态度，使藏传佛教在西夏国中得到了迅速传播，形成了西夏佛教多来源、多层次的繁荣景象。

从历史上看，党项和吐蕃两个民族的地域相连、渊源接近，文化交流也颇为频繁。根据藏文文献《贤者喜宴》的记载：西藏佛教噶玛噶举派的初祖法王都松钦巴（1110～1193 年）很受西夏王泰呼的崇敬，泰呼王派遣使臣入藏迎请都松钦巴到西夏传法，都松钦巴不能前往，就派遣弟子格西藏索哇来到西夏。藏索哇很受西夏王的宠信，被尊为上师，在西夏国中传授西藏佛教的经义和仪轨，并且组织力量大规模地翻译佛经。这里的西夏王，就是西夏第五代皇帝李仁孝（1140～1193 年在位）。西藏萨迦派的祖师札巴坚赞（1147～1216 年）的弟子迥巴瓦国师觉本，也曾经被西夏皇帝奉为上师。看来，在李仁孝执政时期，吐蕃佛教中的噶玛噶举派和萨迦派都已经传入西夏，并且在朝野上下产生了相当的影响。

目前所能见到的汉、西夏、藏文材料表明，西夏佛教接受藏传佛教的影响，主要是在西夏后期。在这一时期内，西夏和吐蕃的关系日趋密切，西夏国的佛教也从藏传佛教中吸收了丰富的营养，从佛经的传译、寺庙佛

图 120 甘肃敦煌城子湾花塔（20 世纪 80 年代拍摄）

塔的建设、僧人的培养等各方面都深深地打上了藏传佛教的印记。藏语称佛塔为"觉顿"，下面，我们就主要看看西夏国当时建造的受藏传佛教影响的佛塔情况。

宁夏贺兰县的宏佛塔，是一座罕见的三层八角形楼阁式与覆钵式相组合的西夏佛塔，残高 28.34 米，总体造型与辽代的天津蓟县观音寺舍利塔、北京房山云居寺北塔很相似，所以应该是接受辽国同类佛塔影响的结果（图 121）。与此同时，宏佛塔上半部的覆钵式塔具有十字折角形平面的基座，是藏传佛教佛塔惯用的造型。另外，拜寺口双塔的塔刹也做成了藏

图 121 宁夏贺兰宏佛塔（20 世纪 80 年代拍摄）

式覆钵塔多重相轮的形式，同心县康济寺塔的塔刹则是一座小型覆钵式塔的形状，这些现象说明它们接受了藏传佛教佛塔艺术的影响。

黑水城，是西夏国的北部重镇，黑水镇燕军司的驻所，以后又是元代的亦集乃路城，位于今内蒙古额济纳河支流纳林河东面的巴丹吉林沙漠边沿地带。由于流沙的侵袭，这座从河西走廊通向漠北地区驿路上的重要枢纽在明朝初年湮废了。1907～1909 年间，俄罗斯的著名考察家科兹洛夫（1863～1935 年）在中亚探险期间发现了这座令人神往的古城，并且发掘出了三百多幅佛教绘画作品，其中的相当一部分就是具有浓厚藏传佛教风格的密教唐卡。在黑水城内外，散布着许多覆钵式塔，尤其是城外西侧、南侧和西北郊较为密集。在城的西北角有佛塔五座，最引人注目（图 122）。黑水城的这些佛塔都是用土坯垒砌的覆钵式塔，塔基的平面呈十字折角形，塔身的覆钵体有的呈覆钟形（图 123），有的呈多半圆球形，在塔身的中部插着木质的刹杆，用来承托塔刹相轮。相轮的造型有很多是粗大的圆锥形，这是藏传佛教早期佛塔的流行样式。类似的佛塔形制还可以在石嘴山市涝坝

图 122 内蒙古额济纳旗黑水城西北角的佛塔（20 世纪初拍摄）

图 123 内蒙古额济纳旗黑水城的佛塔（20 世纪初拍摄）

沟口北侧山崖的浮雕塔中见到。黑水城还出土了一些木质小型覆钵式塔，可以作为当时佛塔建筑的模型（图 124）。黑水城的覆钵式塔都是在西夏和元代建造成的，与我们一般概念中的藏传佛教覆钵式塔风格基本一致，所以，黑水城当年的佛教偏重地选择了藏传佛教，这是毫无疑问的。

在宁夏青铜峡市南面、黄河西岸的峡口山上，呈等腰三角形的阶梯状排列着一百零八座覆钵式塔，极为壮观（图 125）。这些塔原来都是用土坯建造的，到了清朝初年才在外面包了一层砖。一百零八塔都是覆钵式塔。1987 年，文物工作者在维修过程中拆除了外面的砌砖之后，发现了一些原来的土坯残塔，它们的基座平面都是"亚"字形的，有的还保存着大部分钟形覆钵塔身。位于最上方的一塔最为高大，有 4.94 米高，第一至十一层塔的高度都在 2 米左右。把佛

图 124 俄罗斯圣彼得堡艾尔米塔什博物馆藏黑水城出土的小木塔

图 125 宁夏青铜峡一百零八塔（20 世纪 80 年代拍摄）

塔组合成一百零八座的形式，这种做法也是向藏传佛教学习的结果，因为我们在西藏西部芒囊译师寺附近就可以看到排成一列的一百零八塔。另外，在西藏扎囊桑耶寺原来修建着多角的外围墙，在围墙的拐角突出部分，造了一百零八座陶塔，在每一座塔内都安放了一粒如来佛的舍利子。后来，桑耶寺围墙改成了圆形，就在墙上每隔 1 米处仍树立着一座红陶质佛塔，这些佛塔在 1959 年时还大部分保存完好。在汉族地区，我们却找不到相似的例子。

西夏国的藏传佛教佛塔，为我们探索藏式佛塔发展的源流提供了重要线索，因为在藏传佛教发展的中心区域 —— 青海与西藏，我们已经很难找到元朝以前的佛教艺术遗存了。这些西夏国的藏式佛塔，就是目前我们已经发现的一批时代最早的藏传佛教佛塔实物。特别是像青铜峡一百零八塔那样的艺术杰作，完全可以作为西夏古塔的代表作和党项民族古老文化艺术的象征。

巧匠阿尼哥的杰作

13 世纪初，蒙古族首领成吉思汗（1162～1227 年）就命令他的后裔们，以后要给予各种宗教以平等的待遇。1260 年，元世祖忽必烈（1260～1294 年在位）即位后，尊奉西藏的著名僧人 —— 萨迦派首领八思巴（1235～1280 年）为帝师，命令他来掌管全国的佛教，并且统领藏族地区的政治与宗教大权。八思巴圆寂后，他那一系的僧人继续担任着元朝的帝师。每一位皇帝在登基之前，必须要先让帝师为他受戒，然后才即位。于是，在元朝的社会里，藏传佛教僧人就享有政治和经济上的特权，藏传佛教在全国范围内推广开来了。

中统元年（1260 年），帝师八思巴打算在西藏地区建造一座黄金塔，特意邀请了一些尼泊尔的工匠来担任这项工作。在尼泊尔工匠中，有一位名叫阿尼哥（1244～1306 年），虽然年仅十七岁，却身怀精湛的技艺，特别擅长绘画、雕塑和铸造金像，深受八思巴的赏识。于是八思巴就任命他来作为这项工程的监工。黄金塔完工以后，八思巴把阿尼哥带到了大都（今北京市），推荐给忽必烈，忽必烈就让他去修补明堂里的针灸铜像，他的技术令京城的金工们佩服不已。以后，元

图 126 北京妙应寺白塔

朝的上都和大都寺院的造像大部分是在他指挥下制作完成的。同时，他还培养了许多弟子，在元朝的佛教艺术界享有盛誉。不过，阿尼哥当年的绝大多数作品今天已经无迹可寻，或者无法确认了，只有北京妙应寺白塔体现着他的高超技艺。

在今天妙应寺白塔矗立的地方，原来有一座辽道宗寿昌二年（1096年）建造的舍利塔。忽必烈看中了这个地方，他为了巩固大元帝国的统治，永"保大业之隆昌"，决定在这里修建一座新式的覆钵式塔。至元八年（1271年），阿尼哥接受了营建

图 127 北京妙应寺白塔立面图

妙应寺白塔的任务，他带领工匠们首先拆除了辽国的旧塔，发现了二十粒舍利子，两千多枚用香泥做成的小塔，一尊盛满香水的铜瓶和五部《无垢净光陀罗尼经》。忽必烈认为这些都是佛门的珍宝，是可以带来吉祥与瑞应的物品，命令在新塔内仍旧供奉。八年以后，妙应寺白塔落成了，它轰动了京城的佛教艺术界，阿尼哥也因此受到了忽必烈丰厚的赏赐。

妙应寺塔是根据阿尼哥从尼泊尔带来的佛塔样式建造的，它的蓝本又是古代印度比较原始的覆钵式佛塔。这种覆钵式塔一直被藏传佛教所惯用，所以被人们俗称为"喇嘛塔"。由于它们的表面一般都涂抹着白灰，颜色洁白，又俗称"白塔"。它有 50.9 米高，是中国现存最高大的一座覆钵式塔，在元朝以前是十分罕见的（图 126、127）。这座塔由台基、塔身和塔刹三部分组成：台基是两层平面呈"亚"字形的须弥座，座上用砖雕出了巨大的莲花座承托塔身；塔身是一个巨大的圆形覆钵丘，下部微有内收，显得外形粗壮稳健；塔刹的刹座平面也是"亚"字形的，座上树立着下大上小、呈圆锥形的十三重相轮，相轮之上是铜制的华盖，华盖四周悬挂着三十六块宽 1 米、高 2 米的流苏铜花板，每一块花板下都缀着一个铜铃。在华盖的上面是一座 5 米高的铜制鎏金覆钵式塔，作为这座宝塔的刹顶。

妙应寺白塔的建成，不仅为中国古老的佛塔增添了新型种类，也给藏传佛教的覆钵式塔制定了中央模式。山西代县的阿育王塔，建成于元朝至元十二年（1275 年），高 40 米，它的塔身与塔刹部分与妙应寺塔十分相似，只是将塔身下部的基座做成了双层圆形须弥座的形式（图 128）。湖北武汉的胜象宝塔建于元惠宗至正三年（1343 年），当时称为"大菩提佛塔"，

图 128 山西代县阿育王塔

是用来供奉佛舍利和佛教法物的。它的高度为 9.36 米，在造型方面与妙应寺塔极为相似，只是没有了妙应寺塔那种粗壮与稳健的感觉，而趋向于秀丽了。它的结构主要是以石砌筑，在内部的塔室使用了少量的砖，须弥座的四周雕刻了极为精细的动物与莲瓣、金刚杵、梵文等作为装饰；塔身的覆钵丘下部内收较大；十三重相轮上的华盖是石刻的，华盖上部的刹顶是一个铁制的宝瓶。另外，江苏镇江云台山过街塔的结构也和妙应寺白塔基本一样，只是在塔体风格上比胜象宝塔更显纤细，覆钵体的下部内收十分

图 129 江苏镇江云台山过街塔

显著，因此有可能是元末明初时候的作品。在这座珍贵的过街塔身上，我们能看到一些从妙应寺白塔向明朝的覆钵式塔过渡的风格（图 129）。

　　另一座元朝佛塔的杰作是北京居庸关的过街塔（图 130）。过街塔，顾名思义，就是修建在街道中的佛塔。还有一种塔门，它的用义和过街塔基本相同，只是把塔的下面简化地修成门洞的形式。行人由塔下经过，就算是对佛进行了一次顶礼膜拜，这就是建造过街塔和塔门的意义所在。过街塔和塔门都是从元代开始的，所以它们的塔型一般都为覆钵式。居庸关的过街塔是现存时代最早、规模最大的一座过街塔，它建造于元至正二年至五年间（1342～1345 年），位于永明寺之南，是元惠宗（1333～1370 年在位）命令大丞相阿鲁图、左丞相别儿怯不花创建的。过街塔的台座上原来建有三座覆钵式宝塔，都具有十字折角形平面的须弥座。根据其他地区所保存的三塔组合图像，以及云南昆明筇竹寺发现的玄坚雪庵宗主（？～1319 年）三塔组合情况来看，原来三塔的中塔可能大于左右两塔。台座上的三塔大约在元末明初时被地震震毁，如今只保留下了空台座，就被人们俗称为"云

图 130　北京居庸关过街塔

台"了。台座用青白色的汉白玉石砌筑而成，高 9.5 米，东西长 26.84 米，南北宽 17.57 米，台上的四周设置了石栏杆和排水龙头，台下正中开了一个南北向梯形的券顶门洞，可以供车马通行。在券顶门洞内的壁面上满布了精美的雕刻，有佛像、四大天王像、装饰图案以及经咒、造塔功德记等六体文字石刻，属于藏、汉合璧的艺术内容。

明清京城里的瑰宝

　　在明朝政权建立以后，藏传佛教在汉族地区就不像元朝那样流行了，从此便开始了纯宗教式的渗入。与此同时，明朝皇室对于西藏僧人仍然给予宗教上的优厚待遇。明洪武六年（1373 年），前任元朝的帝师喃迦巴藏卜入京朝见明太祖朱元璋（1368～1398 年在位），朱元璋立即给予他炽盛佛宝国师的称号。从此以后，明朝皇帝都很崇信西藏的僧人，特别是明成祖朱棣（1402～1424 年在位），还曾经给予藏传佛教格鲁派的领袖宗喀巴（1357～1419 年）以大慈法王的称号。清朝皇室与藏传佛教关系更为深远，早在 17 世纪初期，藏传佛教就传到了山海关以外的满洲地区，受到了清太祖努尔哈赤（1559～1626 年）的礼遇。清顺治九年（1652年），五世达赖喇嘛阿旺罗桑嘉措（1617～1682 年）被请到了北京，接受了清朝顺治皇帝（1644～1661 年在位）的册封。雍正六年（1728 年），清政府设立了驻藏大臣，负责管理西藏政务。乾隆五十八年（1793 年）又确定了西藏地区的政教合一制度，所有西藏地区的寺庙和僧人都要受清朝理藩院的管理。由于明清两代政府和藏传佛教的密切关系，为首都北京造就了一大批精美的藏传佛教艺术，藏式佛塔就是其中最为突出的一项。

北京真觉寺的金刚宝座塔（图 131），是明朝成化九年（1474 年）完成的，当时的造塔碑文上说：塔是用石块砌筑的，基座有数丈高，上面供奉着五佛，分为五塔，它的尺寸与规矩和中印度的金刚宝座塔完全一致。事实情况大体也是如此，

图 131 北京真觉寺金刚宝座塔

真觉寺的这座金刚宝座塔用砖和汉白玉砌筑而成，下部是高 7.7 米的方形宝座，座上建造了五座方形平面的十一层密檐式宝塔，中间一塔较高，四隅各有一塔，五塔的顶部都有小型的覆钵式塔作为塔刹，总高度为 17 米。从宝座上五塔的整体造型来看，确实和印度佛陀伽耶的金刚宝座式塔有些相似，但其中也包含着相当的中国传统建风格。例如，五塔的各层密檐上都做成了瓦垄的形式，在塔身的表面雕刻有斗栱、柱子、飞椽等仿木构件等等。所以，它应该是参考了一些古印度金刚宝座塔的样式，在明朝北京城的一次再创作。塔上供奉的五佛，如前所述，指的是佛教密宗尊崇的五方佛。值得注意的是这座塔身表面的浮雕形象，特别是宝座表面的五层坐佛像龛，带有浓厚的藏式佛像风格。所以，这座金刚宝座塔在北京的建造，应该和藏传佛教在明朝京城的继续流行有密切关系。

　　中国现存的大型金刚宝座式塔实物，绝大多数是在明朝及其以后修建的，真觉寺的金刚宝座塔，从年代之早、雕刻之精美等方面而言，都不愧为这类塔中的代表作。内蒙古呼和浩特慈灯寺的金刚宝座舍利塔高 14 米，形制和真觉寺塔相似，宝座上面中间一塔为七层密檐式，其他四塔是五层密檐式，很可能是模仿真觉寺塔样式的结果（图 132）。另外，在北京以外的其他地区，还有用覆钵式塔组合成为金刚宝座式的，如湖北襄阳广德寺的金刚宝座多宝塔，建造于明朝弘治七年（1494年），通高在 17 米左右，它的下面是一个平面八角形的台座，座上建立了五座佛塔，中央一座是覆钵式塔，较为高大，位于四隅的小塔是平面呈六边形的汉式三层密檐实心塔，是独具特色的塔例（图 133）。四川峨眉山万年寺的砖殿是明代修建的，它的顶部中央立着一座覆钵式塔，在四角的地方还各有一座较

图 132　内蒙古呼和浩特慈灯寺塔（20 世纪 80 年代拍摄）

小的同类宝塔，实际上也是属于金刚宝座塔的形式。云南昆明官渡街上的金刚宝座塔，建于明朝天顺二年（1458年），塔下是一个方形台座，内部开出了十字形的通道，可以供人通行，台座上部中央立着一座覆钵式塔，四角各有一座小型的覆钵式塔，因此它还具备了过街塔的功能。甘肃张掖县城内的金刚宝座塔也是明代的建筑，在一座高大的覆钵式塔的

图 133　湖北襄阳广德寺金刚宝座塔

下部修建了两层台座，两层台座的四角都建了一座体量很小的覆钵式塔，这是中国其他金刚宝座塔所没有的现象。

　　说起明朝的覆钵式塔，山西五台山塔院寺的舍利塔也是很有名的一座。这座塔建于明朝万历年间（1573～1620年），总高度在50米左右，无论在体量还是造型方面都和北京妙应寺塔十分相近，所不同的是，在覆钵丘的下面已经可以明显地看出内收现象，十三重相轮的上下比例也不像元朝时期那样反差强烈了。广西桂林万寿寺的舍利塔建于明朝洪武十八年（1358年），塔身下部的台基平面为八角形，下部还有一个四方形的台座，覆钵形塔身下部也有明显的内收，它的总高度是12.83米。五台山显通寺明朝万历年间铸造的铜塔，通高约8米，它是由覆钵丘和十三层密檐塔组合而成的，它的塔刹又是一座小型的亭阁式塔。还有一件同时代的同类型作品，它是位于峨眉山报国寺的华严铜塔，通高7米，由覆钵丘和两层七级密檐式塔相叠而成。明朝的覆钵式塔表现出了由元到清的过渡形式，而组合式塔又能使我们看到汉、藏佛塔艺术的合而为一，这是不同流派的佛教艺术融合发展的必然结果。

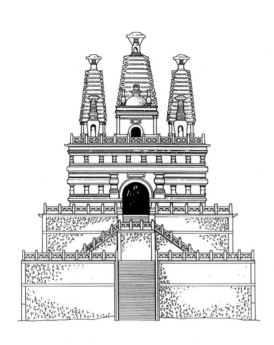

图 134 北京碧云寺金刚宝座塔立面图

在清朝修建的金刚宝座式佛塔之中，位于北京香山东麓的碧云寺塔是最有名的（图 134），它建于清乾隆十三年（1748 年）。这座金刚宝座式佛塔通高 34.7 米，是中国现存金刚宝座式塔中最高的一座。它的造型继承了明朝真觉寺的金刚宝座式塔而有所发展，在高大的台座上分立着五座十三层密檐式塔，形制与真觉寺的塔十分相近，在中塔的前面还有一座覆钵式塔与两座小覆钵式塔，五塔前部两角处还各建了一座覆钵式塔，这种五塔互相组合、环套的形式在中国古塔中仅此一例。碧云寺塔的金刚宝座是用汉白玉石砌筑而成的，塔身上刻满了佛与菩萨、天王等形象，都是难得的石刻艺术佳作。

清代北京城中最著名的覆钵式塔，是北海琼华岛之巅的永安寺白塔，建于清顺治八年（1651 年），有 35.9 米高。远看这座宝塔，就像一个白色的宝瓶，在湖水与绿树的映衬下显得十分华美壮观。如果与元代的妙应寺白塔相比，它已经完全没有了那种粗犷与雄壮之美，而是透露出了一种清秀与典雅的风韵。北海白塔的塔下台基平面虽然还是属于"亚"字形的，但已基本趋向于方形，而且只是一层的束腰叠涩高座。塔身的覆钵丘下部内收极为明显，覆钵丘的下部是三层叠涩的圆台，完全不像妙应寺白塔那种莲座装饰。在覆钵丘的正面设置了眼光门，里面供奉着梵文的"十相自在"，这在元、明时代是很少见到的。北海白塔的塔刹是由十三重相轮、天盘、地盘、仰月、圆光、火焰宝珠自下而上相叠组成的，十三重相轮已变成了瘦高的向上收分很小的圆锥体（图 135）。这些做法与风格上的变化，就为当时的佛教艺术界拟定了清朝覆钵式塔的基本样式，当然，这种样式应该是首先在藏区形成的，然后才可能出现在清王朝开国之初的北京城中。在西藏扎囊桑耶寺乌策大殿的四隅，原来分别建造了白、绿、红、黑四塔，塔身下部基座的造型虽然不同，但由多重相轮组成的塔刹都是细高的圆锥体。在拉萨布达拉宫西南端的红山南麓连接药王山的隘口处，原来建了一座塔门，塔身上部的塔刹相轮也呈瘦高的圆锥体，现在的塔门是近年重新建造的。另外，在布达拉宫、罗布林卡、大昭寺等地收藏的唐卡中，我们也可以看到这种样式的佛塔绘画。这就为我们研究北海白塔的样式来源提供了很好的材料。

与北京北海白塔相类似的清式覆钵式塔，我们还能在北京以及全国其他地区见到。北京石景山法海寺原来有一座横跨于寺前通衢之上的过街塔，是在清顺治十七年（1660 年）建成的，它的下面是一个带有圆拱形门洞的石砌方台，台上的覆钵式塔与北海白塔十分相似而更显得细高，这座塔现已不存。呼和浩特的席力图召内有一座建于清朝康熙年间（1662 ~ 1722 年）的覆钵式塔，全部用汉白玉砌成，总高在 15 米左右。它的塔下台基是一个方形平面的束腰须弥座，在座的四角还各立着一根圆雕的龙柱，座上有四层叠涩方台，再上就是覆钵丘、塔刹，塔身的表面布满雕刻，并且用色彩勾勒出了各种图案，它是覆钵式塔中既高大又精美的作品之一。在扬州瘦西湖的莲性寺内，有一座清朝乾隆年间（1736 ~ 1795 年）修建的覆钵式塔，它的形制与北海白塔很相似，但在总体风格上却另有一种柔和之美。甘肃夏河县拉卜楞寺是格鲁派的六大寺院之一，在寺院中有一座埋藏舍利的覆钵式塔，经常受到僧人们的环绕礼拜。它也是一座典型的清式覆钵式塔，下方基座是方形的束腰须弥座式，在束腰间每面都有四根立柱，基座之上是平面呈

图 135 北京北海永安寺白塔

图 136 甘肃夏河县拉卜楞寺塔

八角形的五层叠涩台，承托着覆钵形塔身（图 136）。在这些清式覆钵式塔的身上，我们可以看到来自藏地的建塔思想是如何在首都北京确立，又是如何在全国其他地区推广并产生局部变异的。

从塔尔寺到外八庙

青海省湟中县的塔尔寺，是青海省最为著名的佛教寺院。它的重要性在于，藏传佛教格鲁派的创始人宗喀巴就诞生在这里，明朝嘉靖三十九年（1560 年）以后，这个地方陆续增筑、扩建成了闻名遐迩的佛教圣地。塔尔寺有为数众多的佛教建筑，其中的入口塔门、如意宝塔和太平塔，在藏传佛教黄教的佛塔之中占有重要的宗教地位。

塔尔寺的塔门建于清康熙五十年（1711 年），从前面进入塔尔寺就必须要经过这座塔门，全部用砖石砌筑而成。它是过街塔的建筑形式，下部是一个高大的方形塔台，开着一个门洞，可以供行人通过。塔台上面建着一座覆钵式塔，具有方形叠涩的束腰须弥座、覆钵丘、十三重相轮和伞盖、仰月、宝珠等，是典型的清式覆钵式塔。

　　在塔尔寺的前院，有一组排列成一行的八座覆钵式塔（图 137），就是如意宝塔，也叫"八相塔"，建成于清乾隆四十一年（1776 年）。这八座塔的形制、大小基本相同，它们都有方形的束腰叠涩台座，下部收分较大的覆钵丘和前面的眼光门，塔刹都是由细高的十三重相轮、伞盖、仰月、圆光、宝珠组成的。只是在覆钵丘下部的叠涩台稍有不同：有四座塔是方形的四层叠涩台，两座塔是四层圆形的叠涩台，一座塔为四层八角形叠涩台，靠左边的一座塔没有这种叠涩台。为什么要同时建立这八座形制相近的宝塔呢？原来在佛教中很注意宣扬释迦牟尼的生平

图 137　青海湟中塔尔寺如意宝塔（20 世纪 90 年代拍摄）

事迹，尤其是他一生中从降生、成道、初转法轮到涅槃这最重要的八个故事情节，更是历代佛教艺术界所竞相创作的题材内容。但用八座佛塔来象征释迦牟尼一生所经历的八大事件，还是不多见的，塔尔寺的如意宝塔建立的用意，正是为了表现佛祖一生的光辉业绩。

塔尔寺的太平塔位于小金瓦寺前的广场上，它的台基是平面方形的五层高台，最上层台的侧面还装饰着立柱和小型的覆钵式塔。台上的覆钵丘和塔刹顶部都是典型的清式覆钵式塔结构，但相轮部分却比较粗壮，保持了早期覆钵式塔的风格（图138）。

西藏江孜城西端的白居寺，是在1390年由当时江孜地方的统治者饶丹·贡嘎帕创建的。到了1414年，贡嘎帕的孙子曲吉饶登·贡桑帕和宗喀巴的弟子——一世班禅克珠杰·格勒巴桑（1385～1438年）又对白居寺进行了扩建，并且修建了西藏最著名的佛塔——班根塔，又名"吉祥多门塔"。班根塔在白居寺中是一座非常重要的建筑物，它通高40米左右，塔下部的台基是平面呈十字折角形的五层高台，与元朝妙应寺白塔台基的"亚"字形平面比较接近。塔身上的圆形覆钵体四个正面各开着一门，门的形制很像北海白塔的眼光门，覆钵体的侧部上下基本是垂直的，只是在下部略微有些内收。在覆钵体的上部建有圆形的塔檐，檐下有木制的斗栱。塔刹的下座是"亚"字形平面的矮台，座的上部也伸出了短檐，檐下也有斗栱。刹座上面安置着巨大的十三重相轮，呈下大上小的圆锥形。再上面是圆形的大华盖，四周垂挂着流苏花饰。华盖的上面是一个宝瓶和火焰宝珠。这座塔的塔刹与北京妙应寺白塔的塔刹十分相似，保持了很多早期覆

图138 青海湟中塔尔寺太平塔（20世纪90年代拍摄）

139　西藏江孜白居寺班根塔

　　钵式塔的特点，是我们研究藏传佛教佛塔源流的重要实物资料（图 139）。

　　江孜白居寺大塔的样式称作"噶当觉顿式"，是西藏佛教寺院中流行于 13～14世纪的早期佛塔样式。相似的塔例还有：萨迦县萨迦北寺的"尊胜佛母塔"和释迦桑布塔殿右侧的噶当觉顿式塔；康马县雪囊寺外的佛塔，建造于 14 世纪以前。

　　河北承德的避暑山庄，是在清康熙五十二年至乾隆四十五年间（1713～1780年）陆续建成的皇家行宫。与此同时，清朝皇室还在避暑山庄的东面及北面的山坡台地上建起了十一座佛教寺院，分别归属八座庙宇管辖。由于这些寺院位于长城以外，所以俗称为"外八庙"。外八庙的建立，主要是为了团结西北及西藏地区的少数民族，为他们提供一个前来承德观见清朝皇帝时修行、居住和举行佛教活动的场所。由于清朝皇室对藏传佛教的推崇，和西北及藏族地区佛教的流行，所以承德的外八庙建筑形式主要是参考了藏传佛教的寺院，同时也兼顾了一些汉民族传统的建筑风格。位于外八庙之中的佛塔虽然都是西藏式的，但它们的制作工艺却表现着不同于其他地区的独特风采。

　　普宁寺建于清乾隆二十年（1755年），当时，清政府派兵平定了新疆北部的蒙古族准噶尔部的叛乱，给天山南北带来了和平安定的政治局面。居住在天山一带的蒙古族和柯尔克孜族首领每年秋天都要到承德避暑山庄来觐见清朝皇帝，乾隆皇帝为团结这些民族的首领，并且尊重他们的宗教与风俗习惯，就在承德修建了这座普宁寺，供他们举行宗教活动。大普宁寺大乘阁的四隅分别用琉璃砖建造了一座带有高台座的覆钵式塔，台座的下面还开着圆拱形门洞，可以供僧俗们穿行礼拜。这四座塔下都有相同的平面"亚"字形台基，台基上是双重的覆钵形塔身，上部的塔刹由十三重相轮、天盘、地盘、仰月、圆光、火焰宝珠相叠组成。由于覆钵的体量不大，塔刹部分就显得比较粗壮，构成了整个塔体细高的建筑艺术效果。有趣的是，这四座喇嘛塔表面分别上着红、绿、黑、白四种不同的颜色，构成塔身的双重覆钵体有的是大口向上（图140），有的是大口向下，有两个是由上下相叠的椭圆形体组成，其中一塔的椭圆形体表面又做成了十字折角形。四座塔的覆钵体表面还有眼光门、金刚杵、法轮等装饰，妆扮得塔体更为华丽了。这四座高台式覆钵式塔如果同大乘阁组合在一起，倒是很像佛塔中的金刚宝座塔的形式。大乘阁内供奉的是一尊高达22米多的木雕千手千眼观音菩萨立像，那么位于大乘阁四隅的这四座宝塔会不会和千手手眼观音菩萨的某种曼荼罗有关呢？也就是僧人们在修持千手千眼观音密法时所特意安排的修法坛场呢？都是值得研究的。

　　清乾隆三十五年（1770年），是乾隆皇帝六十岁寿

图140 河北承德普宁寺大乘阁四隅的佛塔之一

图 141　河北承德普陀宗乘之庙五塔门

辰，为了庆贺这个日子，清朝皇室于 1770 年建成了外八庙中的普陀宗乘之庙。在这处仿照西藏布达拉宫的庞大寺院建筑群中，位于寺庙前部中轴线上的五塔门，是佛教信众们进入寺庙顶礼膜拜的必经之地（图 141）。这座塔门有着长方形平面的高大台座，在台座的下部开着三个圆拱形门洞，可供行人通过，台座上面用彩色琉璃砖建造了五座覆钵式塔，表面的颜色分别是黑、白、黄、绿、红，它们的建筑结构与装饰基本和普宁寺大乘阁四隅的四塔一致，只是位于中间的黄色覆钵式塔塔身是由多棱形的两个覆钵体相叠而成，在普宁寺中我们没有见到过。这座塔门上建造五塔的用意，很可能同密教尊崇的五方佛有些关系。

　　自元末明初以来，藏传佛教中的格鲁派势力日益旺盛，进入清朝以后就成了藏传佛教中的第一大宗派，直至今日。清朝皇室所推崇支持的西藏佛教最主要的就是格鲁派，塔尔寺、白居寺、外八庙，我们在这里介绍的虽然只是这些寺院中的佛塔，但这三个地点又恰恰可以概括出格鲁派发展的历史足迹。

从印度走向亚洲的东南

早在公元前 3 世纪，古代印度的阿育王曾经派遣传教师到周围的国家和地区去传播小乘佛教上座部的佛法，他的王子摩哂陀等比丘就被派到了今天的斯里兰卡，创立了以大寺为中心的上座部佛教僧团。大约在公元前 1 世纪，佛教高僧们在今天的斯里兰卡作了一次上座部佛教经典的编辑与汇总工作，首次用巴利文将上座部的佛教经、律、论典籍记录成册，从此就确立了巴利文佛教经典在南亚与东南亚地区的神圣地位。到了 11 ~ 14 世纪时，斯里兰卡、缅甸、老挝、泰国、柬埔寨等国家纷纷确立上座部佛教为他们的国教。这些国家的佛教是由印度向南传入的，所以在佛教史上称它们为"南传佛教"。南传佛教的经典比较接近释迦牟尼最初传教时期的原始佛教，注重原始佛教的精神与教义，崇拜佛牙、佛塔和菩提树等。在南传佛教盛行的国家，佛教至今仍然是那里的第一信仰，一座座秀丽挺拔的佛塔也早已成为这些国家传统的风光象征了。在中世纪，与上述国家有所不同，大乘佛教传入了印度尼西亚，也没有在那里取得统治地位。南传佛教的宝塔灵光，还为中国云南的傣族地区培育了神州古塔之林的一朵艺术奇葩。

东南亚的佛光

印度南部的斯里兰卡，是南传佛教的奠基地，阿努拉达普拉是这个国家的佛教圣地，也是公元前 3 ~ 公元 10 世纪期间的佛教发展中心地。经过斯里兰卡历代国王的努力与不遗余力地弘扬佛法，阿努拉达普拉便拥有了大量的寺院和佛塔，形成了斯里兰卡巨大的佛教文化艺术宝库。在保存至今的众多佛塔当中，历代国王修建的佛塔是最为著名的。睹波罗摩塔，是由提婆南毗耶·帝沙王主持修建的，他的在位时间是公元前 250 ~ 前 210 年。这座塔在最初修建时是直接取材于印度阿育王广建的佛塔样式，以后又经过了历代的重修；摩利遮伐帝塔，又称作弥利沙伐帝塔，是由杜多伽摩尼王主持修建的，他的在位时间是公元前 161 ~ 前 137 年，还有一座大塔也是这位国王的敬佛工程，高 90 多米。大约在公元前 89 ~ 前 77 年在位的伐多伽摩尼王则主持修建了无畏山寺的佛塔和一座名叫达吉纳的大塔。祇多林佛塔（Jetavanaramaya_Stupa）位于斯里兰卡北部阿努拉德普勒，是 276 ~ 303 年在位的摩诃舍那王主持修建的，它的圆形塔基直径有 110 米，塔身部分虽然已经残损了，但仍然保留着约 70 米的高度，以及精美的人物与动物浮雕形象（图 142）。这批高级别的佛塔，是我们研究南传佛教早期佛塔的珍贵资料。

图 142 斯里兰卡北部阿努拉德普勒的祇多林佛塔

　　缅甸北部的蒲甘，是缅甸著名的佛教圣地，它兴建于 1 世纪，以后经过历代王室的不断修建，于 11 世纪成为了蒲甘王朝（1044～1287 年）的国都和缅甸上座部佛教中心。那里至今仍保存着大量的佛教建筑物，号称四百万宝塔城，想必其中一定有很多的佛塔了，事实情况也的确如此。蒲甘佛教胜地现存比较著名的佛塔有以下几例。1057 年建造的瑞山都塔，相传在塔内供奉着释迦牟尼的头发。1059 年建造的罗伽难陀塔，相传在塔内藏有释迦牟尼的牙齿，还有一座摩奴诃塔也是建造在这一年里。在 1031～1089 年间，建成了瑞喜宫塔，相传在这座塔内珍藏着佛祖的锁骨、前额骨、牙齿。额最那当塔建造于 1082 年。阿难陀寺（Anaanda）塔建造于 1091 年，有 52.4 米高（图 143）。达冰瑜寺塔（Thatbyinnyu）是以一座高塔为中心的塔群，1144 年建成，总高 61.3 米，上面雕刻着巴利文的长颂。12 世纪建成的摩耶塔高 16 米多，塔内供奉着一尊金佛像。辛宾娑良塔建于 1171 年。瑞姞基塔建于 1131 年。甘陀巴林塔建于 1174 年。醯路弥路塔建于 1211 年。罗伽泰盘塔建于 1271 年。摩诃波蒂塔建于 1215 年，它是模仿中天竺献赠的摩诃波蒂塔的样式修建的，周围有六座小佛塔环绕着。明伽罗塞提佛塔（Mingalazedi Pagoda）建成于 1274 年，覆钵形塔身上部的多重相轮如同尖笋一般高耸云间（图 144）。1371 年建造了卫基茵姑表基塔。这些佛塔有很多是方形平面的尖顶塔，同时也有圆形平面的覆钵式尖塔，它们不仅是缅甸早期佛塔的珍贵实物资料，同时也为缅甸的佛教建筑艺术提供了一个可靠的年代序列。

图 143 缅甸蒲甘阿难陀寺塔

图 144 缅甸蒲甘明伽罗塞提佛塔

　　闻名于世的仰光大金塔（Shwedagon Pagoda）（图 145），坐落在缅甸仰光茵雅湖附近，它是缅甸蒲甘王朝的创建者阿奴律陀（Anawrahta，1015～1078 年）国王于 11 世纪兴建的，到了 16 世纪，莽应龙国王（Bayinnaung，1516～1581 年）用钻石与珠宝装饰了塔顶，相传在这座塔里珍藏着释迦牟尼的八根圣发。大金塔高达 97.8 米，在塔身的表面贴满了金箔，而塔顶则是用黄金铸成的，装饰有 5440 颗钻石和 1431 颗宝石，四周还悬挂着 1065 个金铃和 420 个银铃。大金塔的四面都设有门，有四条长廊式的阶梯从地面直通几十米高的大理石平台。位于平台中间的是主塔，是由多层八边形十字折角状的塔基和圆形多层塔座，以及覆钟式的覆钵体、尖笋状的塔刹所组成，主塔的四周环绕着 64 座小塔和四座中等规模的佛塔，形制和主塔很接近。不论在造型还是工艺方面，仰光的大金塔都可以称得上是缅甸古佛塔的代表作。

　　缅甸近世修建的佛塔，应该首推仰光东郊的"世界和平塔"了，它是 1954 年专门为"佛教第六次结集"（即第六次对佛教经典的总结与汇集工作）而建造的。这座塔共有六个塔门，每个塔门内都供奉着一尊佛像，象征着佛教的第六次结集。

图 145　缅甸仰光大金塔

图 146　老挝万象市塔銮

在佛塔的旁边还建造了石窟、佛殿、经房和禅窟等佛教活动场所。

　　塔銮（Pha That Luang），意即"大塔"，是老挝著名的佛塔建筑，位于万象市以北 5 千米的地方，大约建造于 14 世纪。1556 年，澜沧王国的塞塔提拉国王（Setthathirath，1534～1571 年）又进行了重建。它也是一处佛塔的群体，中心佛塔建筑在一个正方形的平台上，周围环绕着几十座小佛塔，有的佛塔表面还装饰着佛传故事雕塑，造型十分精美（图 146）。塔銮是老挝佛教徒心目中圣洁的象征，每年的十一月中旬，佛教信众都要集合在那里举行隆重的盛会。

　　泰国是南传佛教发展的重要国家，坐落在曼谷大王宫内的玉佛寺是泰国最高级别的皇宫寺院，也是泰王举行登基加冕典礼和皇家进行各种祭祀活动的场所。玉佛寺是曼谷王朝拉玛一世（Rama I，1782～1809 年在位）在 18 世纪末期建造的，由于寺内供奉着泰国的国宝碧玉佛，就将这座寺院定名为玉佛寺。这是一处金碧辉煌、佛塔林立的建筑群体，其中一座金色的覆钵式塔特别醒目，它具有多重圆环形的台基，上小下大的覆钵体，方形叠涩的平头，由二十三重相轮组成的高耸入云的尖状塔刹，整个塔体的外形就如同一个高大的拔地而起的竹笋。类似的佛塔造型

图 147　泰国佛统大金塔

图 148　泰国大成府阿育地区阿瑜陀那遗迹中的佛塔

还可见于泰国中部的佛统大金塔（Pra Pathom Chedi），高有 115 米（图 147），以及泰国大成府阿瑜陀耶（Ayutthaya）古城遗迹中的覆钵式佛塔等（图 148）。玉佛寺中还有一种平面呈八边形的佛塔，塔身形如八棱锥体，塔刹的刹尖是圆头的。另有一种具有八边形多重台基的佛塔，塔身也是下大上小的覆钵体，覆钵体上部的塔刹也是呈细长的尖笋状（图 149）。玉佛寺大殿的屋檐都做成了二至四层，有的在屋顶的中部也建造了一座佛塔，这种情况在大王宫中也有多例。因为南传佛教是泰国的国教，皇宫的建筑样式加入佛教的内容是完全在情理之中的。大王宫大殿顶部的佛塔，有的具有平面"亚"字形的多重台基，台基上的覆钵体呈方棱锥形，再上就是细而长的尖笋状塔刹。大殿顶部还有一种圆形平面的佛塔，覆钵体下部的台基是由多重的扁圆体相叠而成的，上小下大，覆钵体的上方也有细长的尖状塔刹。这些佛塔造型都是值得我们注意的。

曼谷的本差玛布皮特寺又称作大理石寺，大约建造于大城王朝时期（1350～1767 年），开始命名为林寺。到了 19 世纪初，拉玛二世（1809～1824 年在位）对

图 149 泰国曼谷玉佛寺八边形覆钵式塔

图 150　泰国清迈斋育德寺塔

这座古寺做了重新修整，还在寺前建造了五座佛塔，分别代表着他的同母五个兄弟，"本差玛布皮特寺"就是"五王子寺"的意思。

位于曼谷以北 700 千米的清迈（Chengmai），是泰国的第二大城市，也是一座文化名城，它的历史可以追溯到 13 世纪。清迈的双龙寺中有一座高大的金色宝塔，是典型的南传佛教佛塔形制，塔下的台基是平面呈亚字形的叠涩高台，台基之上是平面呈八边形的多重基座，承托着上小下大的覆钵体，多重相轮等物组成的塔刹也是细长的尖状，大有直插云霄的感觉。清迈的斋育德寺（Wat Chet Yot）有一座高台基的金刚宝座式塔，是仿照印度佛陀伽耶的金刚宝座式塔修建的，时代大约在 15 世纪中叶（图 150）。

位于柬埔寨暹粒省东部的吴哥城，又叫作吴哥通或吴哥通王城、大吴哥等，是柬埔寨著名的佛教圣地、吴哥王朝（802～1431 年）的古都。它开始建造于 9 世纪，不幸的是一再毁于战火，到了 12 世纪后期，阇耶跋摩七世（Jayavarman VII，

意译为胜铠，1181～1215 年在位）征调了十几万工匠进行了重新修建，它是一座
与印度教、佛教艺术密切结合的文化古城。1434 年，吴哥王朝迁都金边，这座旧
都城从此就开始荒芜了。1860 年，通过考古工作者的努力，吴哥城被发掘出来再
现于世。吴哥城不愧是柬埔寨印度教与佛教建筑艺术的宝库，也是研究柬埔寨古
代佛教发展情况的珍贵的实物遗存。

巴戎寺是建筑在吴哥城中心的佛寺，寺门向着东方，由十六座相连的宝塔组
成，在每座宝塔的表面都布满了各种雕刻，位于中央的是一座遍身涂金、高达 45
米的圆形宝塔，这座塔内原来供奉着一尊 4 米多高的大佛像，据说是阇耶跋摩七世
的模拟佛像。在十六座宝塔的两层台基四周还有几十座石塔，每座塔的塔身四面都
有一个微笑着的菩萨脸形，据说都是按照阇耶跋摩七世的笑容做成的（图 151）。相
传这十六座主要的宝塔象征着当时高棉的十六个省。

吴哥窟，又叫作吴哥寺或小吴哥，是著名的世界文化遗产，坐落在吴哥古城的
南郊。它建于 12 世纪前半期的高棉国王苏利耶跋摩二世统治时期（Suryavarman II，
意译为日铠，1113～1150 年），是柬埔寨的著名佛寺和苏利耶跋摩二世的陵墓。吴
哥窟的主体是建筑在一个石砌台基上的五座十字折角形平面的尖塔，通高 65 米。
其余四座较矮一些的塔位于台基的四角，排列成了金刚宝座式塔的样子。五座尖塔
全部用石块砌成，塔身以上表面具有繁复的装饰，形成了近似于圆锥形的花束，很
像中国的花塔，表现出了柬埔寨古代高超的建筑技艺（图 152）。

佛教与伊斯兰教、基督教、印度教、道教和儒教一样，被公认为印度尼西亚的六种正式宗教之一。佛教是仅次于印度教的印度尼西亚第二古老的宗教，大约在 6 世纪左右到达了那里。13 世纪，伊斯兰教

图 151 柬埔寨吴哥城巴戎寺的人面塔

图 152　柬埔寨吴哥城吴哥窟的主体建筑

进入了群岛，到 16 世纪末取代了印度教和佛教成为爪哇和苏门答腊的主要宗教。印度尼西亚爪哇和苏门答腊省发现了许多佛教历史遗产，制作于印度尼西亚印度教和佛教王国的较早历史时期。在历史上，印度尼西亚人的佛教信仰属于大乘佛教，特别是大乘佛教的密宗。许多古老的寺庙都属于密宗，那些深受印度波罗王朝（8～12 世纪）影响的多臂菩萨像和著名的婆罗浮屠见证了密宗信仰在这个岛国的发展。

　　婆罗浮屠（Borobudur or Barabudur）是塞伦德拉王朝（Sailendra，约 752～832年）时期中爪哇省玛格朗（Magelang）的佛教密宗寺庙，建于 8 世纪（图 153）。在印度尼西亚，古老的寺庙被称为坎迪（candi）。但是，婆罗浮屠这个名字的由来尚不确定，它最早是由英国人在 19 世纪起的，意思是附近的 Boro 村庄，因为大多数坎迪都是以附近的村庄命名的。Budur 可能对应于现代爪哇语 Buda，就是古老的意思。但是，一些学者认为 Budur 的意思是"山"。无论如何，这些新术语无法描述这座历史丰碑的真正宗教功能和特征。婆罗浮屠实际上是一个大型佛塔群，但整体又像是一座大型佛塔。它有九层台基，下部六个是十字折角形，上面三个是圆形。上部的三层台基上有三周共 72 座小型佛塔，围绕着中央的一座大塔。每座佛

图 153 印度尼西亚爪哇省玛格朗的婆罗浮屠

塔的塔身均为覆钟形。小塔都以镂空的方式用石块垒砌，可见到塔身内部都各有一尊坐佛像。实际上，上面的三层台基和佛塔表现的是密教曼荼罗，代表着密教的宇宙观。而位于中央的大佛塔则象征着位于密教曼荼罗中心的毗卢遮那，是密教最高尊神。最下部的十字折角形台基边长大约是 123 米。五层带围墙的台基构成了五层走廊，两侧雕刻着大约二千五百平方米的佛教浮雕图像，包括 2672 个浮雕板和 504 尊佛像。朝圣者应从最底层的台基开始瞻仰这些图像，沿着六层十字折角形台基的小径盘旋上升直至上部的圆形台基，整个结构象征着密教宇宙观的三界。最下层台基的浮雕图像描绘了佛教因果报应的原理，象征着欲界，那里的有情生物经历着无休止的转回。其上的五层台基雕刻表现释迦的本生与传记故事情节，以及各种菩萨的生活及其所在天堂景象，象征着色界。在此界中，众生看到了物质形式，却没有被它们所吸引。上部的曼荼罗象征着无色界，是脱离了轮回之苦的涅槃境界。此外，整个佛塔的结构和图像构成也许自下而上展示着从小乘到大乘、再到密宗的佛教教义。

我们概览了东南亚地区南传佛教的著名佛塔之后，就可以大致总结出一些南传佛塔不同于北传佛教佛塔的基本特征。南传佛教的覆钵式塔也是渊源于古代印度阿育王建造的覆钵式塔一类，这类覆钵式塔在东南亚地区最终发展成为外形呈双曲线向上相交的尖笋状佛塔样式，一般具备着上小下大的覆钵形塔身，细长尖高的塔刹，给信徒们一种崇高向上的感觉。这种塔还往往以一座主塔和许多小塔组合成为一处宝塔群体，分布也很有规律。比较而言，早期传入中国大陆的覆钵式塔，主要是渊源于古代印度而形成于中亚地区的形制。藏传佛教的覆钵式塔则和尼泊尔、印度一带存在着密切的关系。云南省的傣族地区是中国唯一保存有南传佛教佛塔的地方，那里的南传佛塔就应该和起源于古代印度而形成于东南亚地区的佛塔样式有关了。

争奇斗艳在云南

云南省是中国多民族聚集的区域之一，大约从唐朝中叶开始，佛教从四川、西藏、印度相继进入了这个风光秀丽迷人的地区。在元、明时期，南传佛教也从东南亚陆续传进了西双版纳和德宏等地，逐步形成为傣族等民族的宗教信仰。一千多年以来，汉传佛教、藏传佛教、南传佛教都在云南省内扎下了自己的根基，涌现出了一大批传承各异、流派多样的佛教建筑艺术形式，呈现着百花齐放的繁荣景象。汉式的佛教建筑遍布在滇池、洱海中心地区，藏式的寺庙分布在迪庆、丽江等滇西北地区，而独具风采的南传佛寺、佛塔主要分布在从西双版纳到德宏的滇南、滇西南一带。

云南西双版纳、德宏、临沧、思茅等地区的少数民族佛教，属于南传巴利语系的佛教。据历史资料记载：约在 7 世纪中叶，上座部佛教就由缅甸传入了云南傣族地区，最初并没有建立寺院，佛教经典也只是口耳相传。约在 11 世纪，因为战争引起的社会动荡，佛教在傣族地区曾一度消失。约在 13 世纪政局稳定之后，泰国清迈的锡兰僧团派遣了四名比丘到西双版纳地区传教，并且在今天的景洪市兴建了第一座佛寺，就是位于景洪市陇宽寨的瓦巴姐佛寺，它是仿照清迈的瓦巴梁佛寺形制建造的。于是佛教又重新进入了西双版纳，随之而来的还有用泰润文书写的佛经，这就是所谓的润派佛教。与此同时，还有一支缅甸摆庄派佛教传入了德宏等地区。到了南宋端宗景炎二年（1277年）傣文创立后，傣族人就有了用自己文字刻写的贝叶经文。明朝隆庆三年（1569年），缅甸金莲公主嫁给第十九代宣慰使刀应勐时，缅甸国王派遣僧团携带佛教三藏经典和佛像进入傣族地区传教，在景洪地区兴建了大批的佛寺和佛塔。不久，缅甸的僧侣们又将佛教传到了德宏、耿马、孟连等地。所以，傣族地区的佛教和南传中的泰国、缅甸佛教的关系更为密切。

西双版纳地区的上座部佛教大体分为两个派别：摆坝派，即山林习禅派，他们是分布在山区的苦行僧，居住的是简小的寺庙；摆孙派，即城镇说教派，分布在广大富裕的坝区，拥有着占当地居民90%以上的信徒，他们的佛寺星罗棋布，建筑形式丰富多彩，在德宏地区也是这样。下面将要介绍的云南上座部佛塔建筑，主要就是属于摆孙派的。在过去，傣族是全民信教、政教合一的，封建领主和佛教首领的地位是相等的，因此，佛寺的规模与格局就直接反映着它的地位与级别，具有强烈的等级色彩。

傣族的佛寺以佛殿为主体，以经堂、僧舍等为附属，而佛塔在寺院中的位置却没有确切的规定，将它安置在佛殿的前后左右都可以。滇南最高级别的佛寺是西双版纳原召片领驻地宣慰街的哇龙（大寺），佛塔建在佛殿的后面。原为内宣慰属下十二版纳之一的橄榄坝苏曼满佛寺，则是把经堂和佛塔全部安排在佛殿的右侧。勐海佛寺的布局很有个性，正中的佛殿与西边的两座僧舍连成了T字形平面，而佛殿的东侧却并立着两座佛塔。佛塔在佛寺中的自由位置，也带来了在南传风格影响下的多彩样式。

傣族的佛塔，因为和泰国、缅甸的佛塔风格极为近似，被当地人称为"缅塔"。这些佛塔的规模都不太大，一般高仅数米，再高也只是十几米，全部用砖砌筑。从佛塔的组合情况来看，傣族的佛塔可以分为单体塔和群塔两种类型。从佛塔的建筑形制方面看，傣族的两种类型佛塔都具有尖锥状的塔身和细长尖状的塔刹，傣语称它们为"诺"，就是"竹笋"的意思，这是一个对傣族佛塔造型惟妙惟肖的称呼。傣族的佛塔像一颗颗耀眼的明珠分布在一个个村寨，其中最为著名的佛塔要数景洪曼飞龙塔、瑞丽遮勒大金塔、芒市佛光寺塔、勐海城子佛寺塔、勐海打洛城子佛塔、盈江允燕塔、景谷大寨佛寺的树包塔和塔包树等。

　　曼飞龙塔，位于景洪市勐龙乡曼飞龙村寨后山山顶上，创建于清乾隆年间（1636～1795年），相传当时因为在这座山顶岩石上发现了一个佛足印，才在上面修建了这座佛塔。曼飞龙塔全部是砖石结构，由一座大塔和八座小塔组成，九座塔有一个共同的石砌圆形束腰宝座，有3.9米高，周长42.6米，在八个面的上部分别突出建造着一个两面坡式的屋形佛龛，龛脊上装饰着各种花草、神兽等。宝座正中的主塔高16.29米，四周的八座小塔各高9.1米。这九座宝塔的形态恰似雨后春笋争相破土一般，尖而长的塔刹向上高耸着。它们的塔身都是洁白的，主塔的塔基是由三层扁圆体的仰莲台相叠而成，承托着上小下大的覆钵体，覆钵体的上部是一朵仰莲花，最上面是尖状的塔刹。八座小塔的形制和主塔一致，只是覆钵体下部的扁圆体仰莲台的层数少一些（图154）。看到这种塔形，我们会联想起泰国大王宫和玉佛寺中建在大殿顶部中央的宝塔样式，它们在总体型态上存在着一定的相似性。

　　瑞丽遮勒大金塔，位于瑞丽遮勒寨旁的小丘之上，大约是明清之际的作品。这也是一处实心砖石结构的宝塔群体，具有一个共同的直径35米的圆形高台基，台基中部的主塔有20多米高，在它的四周环绕着十六座小塔。主塔由平面"亚"字形的基座、八角形的束腰台、扁圆形仰莲台、上小下大的覆钵体（很像宝钟）、十三重相轮和伞盖等自下而上相叠组成，尖状的塔体更像竹笋的形态。四周的十六座宝塔高矮不

图 154　云南景洪曼飞龙塔

图 155 云南瑞丽遮勒大金塔

一，形制和主塔相近，在它们的台基正面都开着一个佛龛，龛内安置佛像一尊。这些塔的身体表面都涂上了金色，闪耀着夺目的光彩（图 155）。

芒市佛光寺塔，位于德宏傣族景颇族自治州芒市芒市镇的佛光寺内，始建于清道光十六年（1836 年），1983 年又作了重新修整。佛光寺塔也是实心砖塔，由一座主塔和周围的十六座小塔环绕组成，主塔高 10.5 米，由台基（侧面开有佛龛）、平面"亚"字形的宝座、扁圆形的仰莲台、钟形的覆钵体、十一重相轮和伞盖等物组成，形状与遮勒主塔很相似。周围的十六座小塔各高 3.5 米，都具有平面方形、束腰处四面开佛龛、盝形顶的台基，钟形覆钵体的下面是比较写实的双层瓣仰莲台，覆钵的上部是七重相轮和伞盖等物。这些又和遮勒大金塔存在着明显的区别。

西双版纳傣族自治州勐海县城子佛寺塔，是一处洁白色的金刚宝座式塔。它的主塔高基座由平面八角形的三层束腰叠涩台相叠组成，向上渐小。台基之上是钟形的覆钵体，覆钵上部是仰莲花承托的尖状塔刹。四角的小塔形制也是这样的。这种具有八角形高基座如笋状的尖塔，在泰国大王宫大殿顶部的宝塔中也可以找到相似的形制。勐海县打洛城子佛塔的造型大体也是如此，这座塔有一个圆形的台基，在四个方向开着佛龛；钟形的覆钵体比较小，覆钵下面的基座是由四层八角形束腰台相叠而成，上部的两层台表面装饰有仰莲瓣；覆钵的上部是高而尖的塔刹。具有八角形平面的多层台座佛塔，还可见于德宏滇弄佛寺塔、景洪曼春满佛寺塔和曼听寺塔，后两座塔的覆钵体平面也是八角形的，和泰国曼谷玉佛寺和清迈双龙寺的八边形覆钵式塔有相似之处（图 156）。这几处佛塔的修建年代大概也在清代。

盈江县的允燕塔，共有五层平面略呈亚字形的台座，在最下层台上环列了 28 座小塔，第二、三、四层台上四角各有一座小塔（图 157）。五层台上立着主塔，在钟形的覆钵体下部是圆形的双层仰莲台，覆钵的上部是九重相轮，相轮的上面是

图 156 云南景洪曼春满寺塔

仰覆莲瓣和刹尖、伞盖等。这座主塔的覆钵体较大，与其他地区的南传佛塔不同。主塔下部的小塔台座是方形束腰状，与芒市佛光寺小塔台座很像，只是在束腰处不开佛龛而已。小塔台座以上部分的造型和主塔基本一致，只是将相轮减为七重。这种以多层台座排列出佛塔群的形式，在泰国曼谷也能找到相近的例子。

在思茅地区景谷县的大寨官缅寺内，坐落着中国古塔中的奇观 ——"树包塔"和"塔包树"。这原是两座砖石结构的佛塔，高有 10 米多，上圆下方呈葫芦形，在塔的周围有力士托扛的形象，同时又与大树结下了不解之缘。塔包树，位于佛殿的右侧，从塔顶中间长出了一棵高 20 米、直径 1 米的大榕树，而佛塔紧紧地将大榕树环抱着。树包塔位于佛殿的左侧，有一棵 25 米高、直径 1 米多的大榕树从塔顶中部伸出，它的粗壮弯曲的根茎又从上下四周环绕着佛塔，紧紧地把高大的佛塔抱住，很像是从塔顶升出的一个绿色的伞盖。塔包树与树包塔究竟是怎样形成的，至今仍是一个不解之谜。无独有偶，在芒市镇内也有一处树包塔（图

图 157 云南盈江允燕塔

158），原来是一座金刚宝座式塔，在一层低矮的八角形台中部，是一座高大的主塔，四角各有一座小塔，在小塔之间各有一尊狮子。主塔被一棵大树的根茎紧紧环抱着，位于四角的小塔由两层八角形的叠涩台基、钟形的覆钵体、七重相轮以及仰覆莲瓣、伞盖等组成，原来主塔的形制大体也是这样。该塔覆钵和塔刹的造型与遮勒大金塔很相近，也是属于南传体系的佛塔。塔包树与树包塔不仅在云南古塔之林中独树一帜，也为那里的佛教艺术增添了一份神秘色彩。

图 158 云南芒市镇树包塔

云南傣族的佛塔，从总体风格上来看，主要与泰国的佛塔比较接近，其次还应该有缅甸佛塔的因素，而同斯里兰卡、柬埔寨、老挝等地的关系不大，这和傣族佛教发展历史也是基本相吻合的。它们的建筑时代虽然都比较晚，但却为神州大地带来了一股东南亚的清爽之风，为中国古老的佛塔群体树立了一批造型新颖的艺术形象。

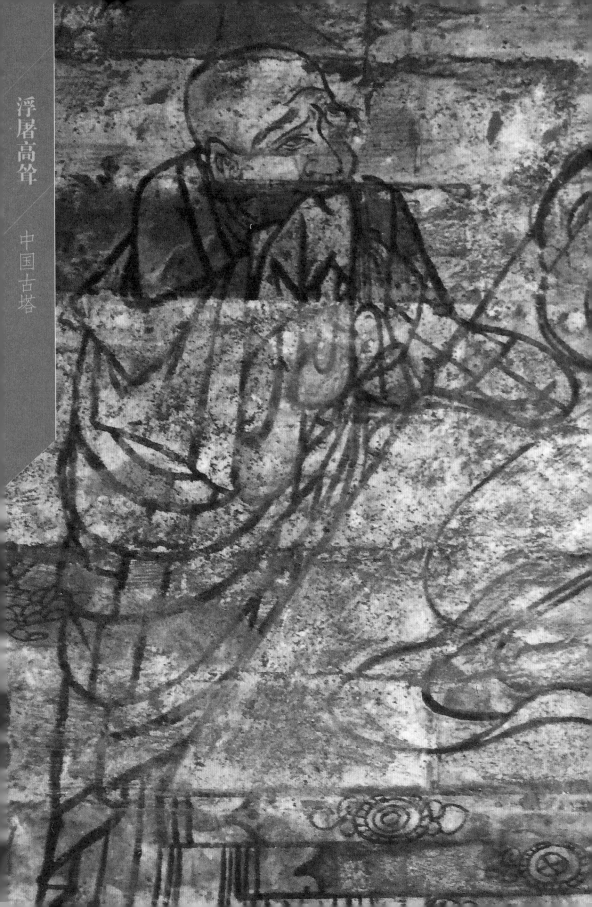

浮屠高耸　中国古塔

地宫再现 舍利重辉

在《前言》中我们已经谈到过，修建佛塔就是为了埋藏和安奉佛的舍利子，不论是真身舍利、碎身舍利、还是法身舍利。换句话说，如果我们看到了一座佛塔，那么在这座佛塔的下面一般都会有安奉佛舍利的墓室，我们称作"地宫"。在地宫中一般都会有供奉佛舍利的宝函，以及许多信徒们奉献的供养器具等等。在有的佛塔中，佛舍利被安奉在了塔刹的里面，这种在塔刹中修筑的供奉佛舍利的空间，我们一般称它为"天宫"。自从佛塔建筑在中国兴起之后，供奉佛舍利的地宫制度也从印度与中亚地区被带到了神州大地，经历了从简单到复杂，和逐渐中国化、世俗化的过程。地宫既然是修建在宝塔的下面，我们平时是见不到的。但是经过了一千多年的风雨岁月，有的宝塔由于历史上种种原因而倒塌不存在了，只留下了塔基的遗址；有的宝塔虽然幸存到了现代，但因为年久失修而不得不拆除重建。这就为考古工作者提供了发掘佛塔遗址、重现地宫宝藏的难得契机。于是，一座座佛塔的地宫便重现于世了。

皇家豪门的供养圣物

有关中国佛塔供奉佛舍利的地宫与天宫情况，已经公开发表的资料就有上百例，在这些珍贵的材料中，位于河北定县的一座北魏塔基是目前已知时代最早的一例。这是北魏孝文帝在太和五年（481 年）发愿建造的一座佛塔基址，用夯土筑成，当年在修筑的时候，有一个装有佛舍利的石函被直接埋在了夯土之中。石函的长、宽、高都在 60 厘米左右，在盝形顶的函盖上刻着十二行铭文，详细记载着建造佛塔的事迹。石函里放着玻璃钵、铜钵和葫芦形的小玻璃瓶，都是直接装舍利的器物；还有用来奉请舍利用的铜匙、铜镊，以及数千颗的玛瑙、水晶、珍珠等"七宝"组成的串饰，和二百余枚铜钱、四十一枚波斯萨珊朝的银币、金银首饰等等供奉物品和施舍的财宝。有意思的是，在石函中还按照当时北方鲜卑族的习俗随葬了盖弓帽和铜镞之类作为供养品，这是中印文化相互融合的表现。在洛阳北魏永宁寺塔基的中部有一个 1.7 米见方的竖穴，是用来安奉佛舍利的。这两座北魏的佛塔基址都没有地宫，都是将舍利石函直接埋在塔基的夯土内，是中国佛塔供奉舍利制度的早期做法，表现出了较多的传自印度与中亚地区的因素。黑龙江宁安市渤海上京城内东南的一座佛塔基址时代虽比较晚，但没有地宫，也是将舍利石函直接埋在塔基之中，就是对早期供奉舍利传统的继承。

邺城遗址位于河北省临漳县县城西南约 20 千米处，原是东魏和北齐的都城。邺南城佛寺塔基遗迹位于临漳县习文乡赵彭城村西南约 200 余米处，2002 年，考古工作者对之进行了发掘。在位于塔基中心的刹柱础石的下面发现有佛塔建立时可能瘗埋舍利或圣物的砖函，长、宽、高均约 0.7 米，但砖函内遗物已被盗（图 159）。原塔应为一座方形木塔，在塔基遗址

图 159 河北临漳县邺南城佛寺塔基遗址刹柱础石与舍利砖函（采自《考古》2003 年第 10 期第 5 页）

中还出土了泥塑彩绘佛像、残琉璃舍利瓶等。这是迄今发现的唯一一处东魏北齐佛寺方形木塔遗址，但在塔基中部仍然没有地宫，而是简单地用砖函来瘗埋佛舍利。彩绘佛像应是在原木塔内供奉，而琉璃舍利瓶原来应供奉在砖函中，或是在塔内的某个地方。

在西安发现的隋朝开皇九年（589 年）清禅寺塔基中，用砖砌筑了一个长方形的砖匣，砖匣中放入了水晶、玛瑙、银戒指等珍宝，和用波斯国的玻璃小瓶盛装的佛舍利。陕西耀州发现的神德寺舍利塔基，是隋朝仁寿四年（604 年）隋文帝杨坚命令在全国三十个州建立的舍利塔之一——宜州宜君县神德寺塔的遗址，是由当时的大德法师沙门僧晖亲自护送供奉的。在这座塔下的舍利石函外砌筑了护石和砖墙，舍利石函的函盖上刻着"大隋皇帝舍利塔下铭"九字，石函内分别用盝顶铜盒装舍利，圆形的铜盒装头发，方形的铜盒装着玻璃瓶，瓶中是淡红色的液体。还有用金银等珍宝组成的"七宝"。陕西蓝田县唐代的法池寺遗址中发现了一个初

图 160 河北正定开元寺唐代地宫中的舍利石函

图 161 英国伦敦大英博物馆藏阿富汗毗摩兰出土的金舍利容器

唐时期的舍利石函，在石函的外面也是用方砖砌筑了一个护墙，石函的表面刻着精美的迎送佛舍利的场面。

河北正定开元寺的正殿前面两侧，原来各建着一座佛塔，现右侧的九级密檐式砖塔还保存完好，而左侧的佛塔早已被一座钟楼所取代了。1990 年，文物工作者在对钟楼进行修缮时，发现了下部的塔基遗址。塔基地宫的平面用砖砌成了内方外圆的形制，在内部的方室正中放置着一方舍利石函，表面雕刻着香炉、狮子、菩萨等精美的图像，具有典型的北齐时代造像风格（图 160）。石函内相套着铜函、木函、金函，在金函内供奉着舍利子，铜函的周围无规律地散放着开元通宝、五铢铜钱、铁钗等物。这个供奉舍利的塔下设施比上述几例稍微复杂一些，石函很可能是在北齐时代雕刻完成的，而石函内的供奉物则是唐朝重瘗佛舍利的结果。

从这些目前发现的塔基情况来看，隋朝和唐朝初年的佛塔下面虽然还没有出现真正的地宫，但已经开始在舍利石函的外面砌筑保护的围墙了，并且用类似于中国古代传统的墓志形式刻写了塔下铭文，以便记载建立佛塔的原因和经过。与北魏相比，埋葬制度无疑要完备多了，也更加接近中国人的习惯了。

唐僧道世编撰的《法苑珠林》卷 51 记载说：660 年，唐高宗李治（650～683年在位）命令迎请扶风法门寺塔下的佛指舍利到东都洛阳皇宫内供养。就在这时，从西域来的几位僧人又向皇帝献上了佛的头顶骨。皇后武则天（624～705 年）为

佛舍利施舍了自己的衣服，还特意为
舍利制作了金棺和银椁。662年，在
隆重的仪式之下，佛指舍利被重新安
置在了法门寺塔下。我们知道，棺和
椁是中国古代传统的葬具，用金子做
的棺和银子做的椁相互套着来埋葬佛
的舍利子，这还是中国历史上的第一
次。从印度和中亚发现的情况来看，
在佛塔的下面一般是用罂坛和盒来安
奉佛舍利的，如贵霜帝国的迦腻色迦
王（127～151年在位）大塔出土的舍
利盒（图20），阿富汗毗摩兰出土的
金舍利容器（图161），日本大谷光
瑞（1876～1948年）探险队在中国新
疆发现的舍利盒（图162），巴基斯坦
塔克西拉出土的金舍利容器（图163）
等等，就和我们在上面提到的北魏、
隋和唐朝初年的发现很相似。而唐高
宗和武则天对法门寺佛指舍利的供奉
方式，以后的发展情况表明，可以称

图162 日本东京国立博物馆藏大谷光瑞探险队在
新疆发掘的木制彩画舍利容器

图163 巴基斯坦塔克西拉出土的金舍利容器与舍
利子（1世纪）

得上是一次中国佛教信徒供奉佛舍利制度的划时代的变革。另外，在佛塔下修建
地宫，也是这个时期正式出现的。

　　甘肃省泾川县有一座唐代大云寺塔遗址，是武周延载元年（694年）的建筑遗
存。在这座塔基的中部修筑了一个平面方形的券顶地宫，是用砖砌筑成的，宫门
开在南面，门前有短甬道，甬道的两壁绘着壁画，宫门内的两侧刻着天王力士像。
在地宫里安置着舍利石函，函盖上刻着"大周泾州大云寺舍利之函总一十四粒"，
函身的四周刻着"泾州大云寺舍利石函铭并序"（图164）。石函内有鎏金铜函，铜
函内有银椁，银椁内是金棺，金棺内垫着织锦的衬垫，上面放置白色玻璃小瓶，

图 164 甘肃省泾川县大云寺塔地宫遗址出土的大周泾州大云寺舍利石函

瓶内盛着十四粒舍利（图 165）。

　　临潼是陕西省西安市最东边的一个区，这里的庆山寺塔地宫埋葬于唐玄宗开元二十九年（733 年）。1985 年，考古工作者对庆山寺舍利塔基地宫做了发掘，发现了壁画与 127 件文物。这座地宫的平面为长方形，也是用砖砌筑成的券顶宫室，甬道前有斜坡慢道，和当时世俗间的墓室制度是一样的。主室南北长 2.07 米，东西宽 1.47 米，室内北部有基坛床，坛床的正中安置石质的 109 厘米高的"释迦如来舍利宝帐"，起着过去常见的舍利石函的作用。石帐内供奉金棺银椁等舍利供具。这座石雕舍利宝帐四面以减地细阴线刻的技法表现《涅槃变》内容。在正面（南面）表现释迦在娑罗双树下最后一次说法的情景，佛的身后是娑罗双树，佛身旁胁侍

图 165 甘肃省泾川县大云寺塔地宫遗址出土的佛舍利容器

以弟子、菩萨、护法等。右侧（西）面为释迦涅槃图，背面（北面）为荼毗（焚棺）图，左面（东面）为分舍利供养图（图166）。石帐内供奉的舍利银椁侧面贴着金质十大弟子举哀像（图167），也表现佛涅槃题材，可与地宫壁画中的十大弟子像对应。银椁内安置着金棺，金棺内有两个绿色的玻璃小瓶，瓶内装着水晶做的舍利。宝帐的前面放着三个三彩供盘，盘上分别放着三彩瓜和四个玻璃供果，三盘之间放着两个彩绘的陶瓶，宝帐的东西两侧安置了一些陶瓷器，还有一些金、银或鎏金、银的铜法器放置在须弥座前的砖地上。地宫的四壁间满绘着壁画，内容有须弥山、伎乐人物和十大弟子等，反映释迦涅槃后天界和人间举哀的情景。于是，石雕宝帐、银椁表面的图像、地宫四壁壁画一起组成了表现释迦涅槃的场面。金棺北壁和东西壁壁画中的许多人物面向和目光集中于舍利石帐，而随葬物品主要集中在基坛前部的空间。甬道中央立着一通石碑，是"开元廿九年四月八日"建立的大唐开元庆山之寺"上方舍利塔记"碑。据此可知，这座舍利塔

图166 陕西临潼庆山寺上方舍利塔地宫出土的石雕舍利宝帐

图167 陕西临潼庆山寺上方舍利塔地宫出土的舍利银椁

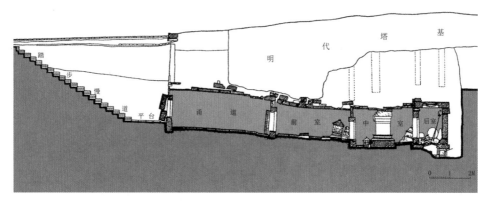

图 168　陕西扶风法门寺唐塔地宫剖面图

及地宫是由京师长安温国寺承宗法师担任的庆山寺寺主，自开元二十五至二十九年间（737～741 年）建成的。也可知这座舍利塔的瘗埋制度与艺术设计思想应来自首都长安。

　　最为著名的佛塔地宫遗址在陕西省扶风县的法门寺。法门寺的唐塔地宫呈南北走向，由前、中、后三室组成，门前还有甬道和踏道，全长达 21.12 米（图 168）。它是目前我们所见到的唯一一座由三室组成的地宫，因为它属于唐朝皇室供奉的舍利塔，因此就当之无愧地采用了这种唐朝皇家的陵墓制度。这座地宫和它的甬道都是用石板构筑而成，在前室的北部正中放置了一个汉白玉彩绘方塔，塔内有铜做的方塔，里面套鎏金银棺，棺内有一枚佛指舍利，汉白玉方塔的两侧各有一尊护法石狮。中室的中部有一座汉白玉灵帐，帐内是铁函、鎏金双凤银棺相套着，棺内是一枚佛指舍利。后室的平面近似于方形，顶部做成了八角形藻井，地面中部安置着八重舍利宝函，函外用红锦包裹着，顶部放着一尊鎏金菩萨像，宝函的最里层是一座纯金的亭阁式四门塔，塔内立着一根银柱，有一枚佛指舍利套在这个银柱上（图 169）。八重宝函的前面放着银薰炉和炉台，后室的角各放着一个阏伽瓶（图 170）。在后室的中北部地下有一个方坑和砖砌的正方形龛，龛内藏着舍利铁函，函内套着银函、银包角檀香木函、嵌宝水晶椁、玉棺，玉棺内有一枚佛指舍利。在这四枚佛指舍利中，有一枚是真骨，三枚是复制的影骨。法门寺塔基地宫中共发现了唐代的金银器 121 件，铜器 8 件，瓷器 16 件，玻璃器 20 件，石质器物 12 件，包括法器、供具和珍宝等，还有大量不计其数的丝织品和衣物残片等。地宫中有一

图 169　陕西扶风法门寺唐塔地宫出土的四门纯金塔与第一枚佛指舍利

图 170　陕西扶风法门寺唐塔地宫后室俯视

通《衣物帐》碑，详细记载着皇家舍入地宫的物品。法门寺的发现是空前的，因为地宫中精美绝伦的物品代表着唐朝社会制作工艺的最高成就，也为当今的学者们提供了取之不尽的研究课题。

僧俗信众的敬佛功德

五代以后，中国佛教信仰更加深入民间，在儒、释、道进一步合流的情况下更加趋向于世俗化了。社会各阶层人士都来积极与寺院里的僧尼合作，以布施、造像、建塔、写经等各种方式大造功德，达到自己祈福消灾的心愿，开辟通往天国乐土的途径。佛塔地宫中舍利的安奉制度在这段时期内也相应地起了一些变化。

大约从北宋开宝五年（972 年）开始，吴越王钱弘俶（947～978 年在位）在杭州建造雷峰塔，约于太平兴国二年（978 年）竣工。2000～2001 年间，浙江省文物考古研究所对雷峰塔遗址进行了考古发掘，发现该塔的地宫建于塔基正中心的塔心室下方，地宫口位于塔心室砖砌地坪下 2.6 米深处。地宫为竖穴式单室，平面呈方形，用砖砌，外表用石灰粉刷，大约 1.6 米见方（图 171）。地宫内共出土器物51 件（组），有 77 个编号。地宫正中间放置铁函，铁函底部与四周主要放置不同质地的礼佛供品，有铜钱、铜镜鎏金铜造像、丝织品、经卷等物。铁函内供奉有鎏金银盒，盒内盛放绿色小玻璃瓶 1 个，内藏金棺的纯银阿育王塔（图 87）安放在倒扣的银盒内，记载中的"佛螺髻发"舍利就供奉在金棺里面。塔基遗址中还出土了内吊金瓶的纯银阿育王塔、方形小石塔、小型金铜造像和菩萨、罗汉、金刚力士、僧人等石质或陶质造像等，造像都具有唐、五代风格。与佛教器物共存的还有"开元通宝""乾元重宝"铜钱以及圆形素面铜镜、铁镜等。根据出土位置分析，纯银阿育王塔原来放置于塔顶的天宫内，造像则放置在双套筒的壁龛里。

郑州开元寺的塔基地宫，是我们目前发现的北宋塔基地宫中年代最早的一所，修建于宋太祖开宝九年（976 年）。开元寺塔基的平面为八角形，而塔基内的地宫却是方形，地宫的顶部用石条抹角垒砌七层，向上内收为八角形的藻井，上面覆盖着雕刻莲花的顶石。地宫的后部砌有棺床，棺床上面放着一座石棺，石棺下部

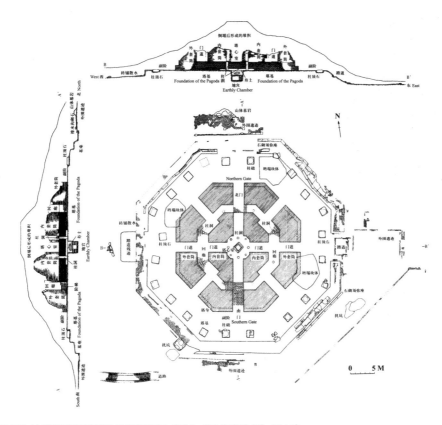

图 171 杭州雷峰塔塔基遗址平剖面图（采自《雷峰塔遗址》图 19）

四角雕着力士托扛棺座的形象。石棺的两侧刻着佛祖释迦牟尼涅槃后，他的十位大弟子举哀痛哭的情景，彼此的神态都不一样，刻画极其生动与传神。

河北定州市埋于宋太宗太平兴国二年（977 年）的静志寺塔基地宫，是一座用砖砌成的平面方形的宫室，在四壁的上部还砌出了仿木构建筑的斗栱，顶部收为盝顶，上面盖着一个歇山式的石刻屋顶。地宫的四壁绘满了壁画，内容是佛教中的梵王、帝释天、守灵的十大弟子等。地宫中出土了北魏文成帝兴安二年（453 年）的石函，和隋炀帝大业二年（606 年）的石函、鎏金铜函，还有一座唐代的石棺，它们都是被重新安葬在这里的。地宫中其他绝大部分财物，包括产自定窑的瓷器，和鎏金银塔、木塔，木雕的和铜铸的天王像，以及木雕贴金的莲花等等，都是北宋时期新施舍的物品。

定州市的净众院塔基地宫是北宋太宗至道元年（995 年）修建的，在地宫的北

图172 河北定州净众院塔基地宫北壁壁画"涅槃变"中的弟子举哀

壁画出了佛涅槃像和十大弟子正在悲泣呼哭的情景（图172），在东西两壁则画着正在奏乐的伎乐人物。地宫的中央有一个砖砌的须弥座，座上放置着长方形的舍利石函，函内装着银塔、银棺和银瓶等。石函的内外还有50多件定窑瓷器，地宫南门的两侧各立着一座石塔，塔内装着瓷瓶，瓶内装的是用杂物仿制的"舍利"。在其他有的器物内也装着这种"舍利"，总重量超过了100千克。

河北定县的这两座塔基地宫内，还出土了几十件玻璃器，有玻璃钵、瓶和葫芦形小瓶等，少量的产自西亚的伊斯兰教国家，大部分是在中国制造的。

上面讲述的这三座北宋塔基地宫中，流行制作释迦涅槃和十大弟子举哀场面的雕刻与绘画题材，代表了一种不同于唐代及其以前的新的烘托地宫神圣气氛的倾向。江苏连云港海清寺阿育王塔基地宫内的石椁，两侧也刻着释迦涅槃图，在十大弟子的前面还有帝释天和大梵天作为前导；石椁内的银棺表面用锤镖的技法做出了佛的涅槃像、十大弟子和梵天像等。河南邓州福胜寺塔地宫中的银棺表面也刻有涅槃佛。上海松江兴教寺塔地宫的石函内放置了一尊铜铸的涅槃佛像，有42.5厘米（图173）。在山东长清真相寺塔地宫中有用银铸成的涅槃佛与十大弟子像。这些都是北宋佛塔地宫突出表现涅槃场面的生动写照。

明朝永乐年间重新修建的大报恩寺遗址，位于江苏省南京市主城正南门（即中华门）外的古长干里地区。该寺最早为孙吴时期比丘尼创建的小精舍，建有阿育王塔，后于西晋、东晋、梁朝时扩建，并改造为两座阿育王塔。因此地位于长干里，通常被称作"长干寺"。到了隋唐时期，寺内两塔地宫先后被打开，舍利与瘗藏物品流散，寺址也荒废了。北宋大中祥符年间（1008～1016 年），高僧可政得到宋真宗（998～1022 年在位）支持，在原址上重建长干寺以及九层砖塔。天禧二年（1018 年），宋真宗为重建的长干寺赐额"天禧寺"，并赐塔名"圣感舍利塔"。明永乐六年（1408 年），寺和塔遭火焚毁。永乐十年（1412 年），明成祖朱棣下诏，在原址上重建该寺，这就是著名的"大报恩寺"。明朝建造的宏伟的琉璃塔就位于宋代长干寺圣感舍利塔塔基之上。

2007～2020 年间，考古工作者对大报恩寺遗址进行了科学发掘，取得了极大收获。位于塔基中心的地宫形制为一圆形竖穴土圹，是垂直下挖而成的，直径在 2 米许，从地宫底部

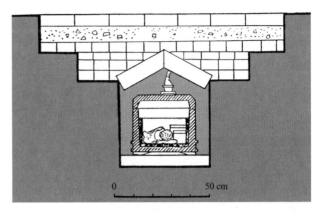

图 173　上海松江兴圣教寺塔地宫剖面图

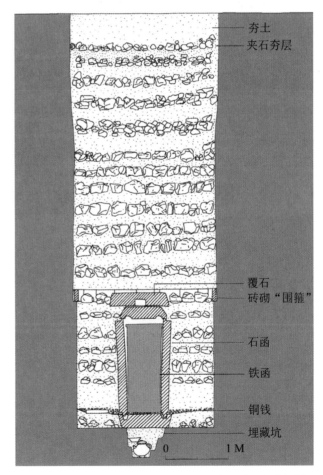

图 174　江苏南京北宋长干寺塔地宫剖面示意图（采自《文物》2015 年第 5 期第 8 页）

至现存地表有 6.74 米，是目前国内发现的最深的舍利塔地宫。地宫中部安置高 1.83 米的石函，石函周围是夯土，有的夹杂有宋代铜钱。石函的顶部压有一块覆石。在石函下有一个小埋藏坑，坑内放置一只青瓷壶、白瓷碗等（图 174）。地宫内出土器物种类丰富。石函是最外层的藏具，在石函北壁板上刻有《金陵长干寺真身塔藏舍利石函记》的长篇铭文，详细介绍了于大中祥符四年（1011 年）瘗埋佛顶骨舍利的经过。石函内有方柱形铁函，铁函内再安置七宝阿育王塔，通高 117 厘米。该塔内部以檀香木制作骨架，表面为银皮，通体鎏金，表面镶嵌宝石，形制模仿吴越国金涂塔，也在塔身四面浮雕本生故事图像（图 175）。塔内再安置漆函和鎏金银椁。漆函内有大银函，大银函内还有鎏金小银函，再内是鎏金小银盒，再内是小银盒，最内是水晶瓶 4 件、玻璃瓶 1 件，瓶内装着感应舍利与诸圣舍利，都属于碎身舍利。鎏金银椁内有金棺，金棺内供奉佛顶真骨舍利（图 176）。地宫中还出土供养器物 206 件，包括瓷器、铜器、金银器、水晶器、玻璃器及香料、丝织品等，另有铜钱 6000 余枚。这些器物分别出土于石函外、石函与铁函之间、铁函内七宝阿育王塔外、七宝阿育王塔内。这项发现极大地丰富了我们对北宋时期舍利瘗埋制度的认知。

1994 年，在湖北当阳玉泉寺铁

图 175　江苏南京北宋长干寺塔地宫遗址出土的七宝阿育王塔（采自《文物》2015 年第 5 期）

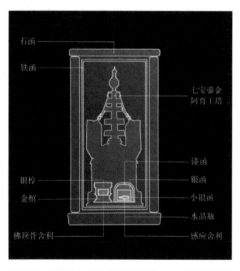

图 176　江苏南京北宋长干寺塔地宫舍利瘗藏容器摆放顺序示意图

图 177　湖北当阳宋玉泉寺铁塔塔基地宫

塔的塔基正中发现了地宫，它是用砖石砌筑成的平面六角形宫室，为竖井的形式，口阔 1.12、深 1.58 米（图 177）。地宫内放置着一个大舍利石函，由上、下函合扣而成，下面由一个石质的束腰座承托着。大石函内套置着二重石函，它的下部压着一龟，函内供奉着白色芥子状的舍利子 108 粒和一颗佛牙舍利，还有一些水晶石佛珠、紫色水晶石、唐宋古钱币等供奉物。在地宫外的南侧出土了一件小石函，以及供养瓷炉、鎏金菩萨像等。根据大石函顶部的铭文和井壁的铭文我们可以了解到：这处地宫是北宋嘉祐六年（1061 年）九月十一日悟空大师务本重新安葬大周"金轮圣神"皇帝武则天亲授舍利的遗址，这些舍利子最先是安葬于武周长寿二年（694 年）。

　　与唐代相比，宋代佛塔地宫中的佛教供养物品增加了不少新的种类，如小型佛塔、经幢、佛像、佛经，以及佛教中的其他人物形象等。苏州的虎丘塔地宫在北宋太祖建隆二年（961 年）安置佛舍利时，用当时吴越国制作的金涂塔作为供养物。北宋真宗咸平二年（999 年）修建的河南密县法海寺塔基地宫，在上层石函内供奉有三彩玻璃塔一座，下层石函内放着两座琉璃塔。苏州瑞光寺塔的第三层塔心中安置着北宋真宗大中祥符六年（1013 年）制作的真珠舍利宝幢（图 178），高

图178 江苏苏州瑞光寺塔中的真珠舍利宝幢

图179 浙江瑞安仙岩寺塔出土的漆舍利函

1.22 米，幢内的一个乳青色料质葫芦形小瓶中盛着九枚舍利子。浙江瑞安北宋仁宗庆历三年（1043 年）建造的仙岩寺（元代改称慧光寺）塔地宫中出土了一件描金堆漆舍利函（图 179），函中有一座高 34.8 厘米的鎏金银塔，以及盛舍利的金、银、玻璃瓶。嘉祐七年（1062 年）建造的浙江金华万佛塔地宫中，有一座“无垢净光大陀罗尼经”石幢，高有 1.47 米，在东西南三面的石座上放着吴越国以来流行的金涂塔十五座。北宋徽宗政和五年（1115 年）的浙江温州白象塔中也曾经出土了铁和漆制作的宝箧印经塔各一件。南宋高宗绍兴十四年（1144 年）的浙江宁波天封塔地宫中出有六角形平面的七层楼阁式银塔一座，高 28 厘米。

在佛塔的地宫或塔身中流行供养佛像，是从北宋初年开始的。苏州虎丘塔地宫中有铜铸的坐佛和铁铸的十一面观音像，以及檀木雕成的宝相。定州静志寺塔地宫中有鎏金铜像 18 件。苏州瑞兴光寺塔出有铜铸的观音和天王力士像 8 件。金华万佛塔地宫中供奉的佛像数量多达 64 件，包括了铜、铁、石造的释迦、观音、千佛、罗汉和地藏菩萨等。温州白象塔塔身供养的佛像有99件，主要是泥塑彩绘的菩萨像（图180）。在宁波天封塔地宫中，有明州鄞县赵家打造的一座"天封塔地宫殿"，里面供奉着西方极乐世界的教主阿弥陀佛和观世音菩萨、大势至菩萨，还有阿难像和迦叶像。地宫中的一方铭记明确地记载着：向天封塔下施舍这些造像，是为了让普天下一切受苦的众生，齐沾这种功德所带来的利益和快乐。所以，在佛塔里面再供养佛像，就和供奉佛舍利一样，也可以达到利益众生、祈福禳灾的作用。

　　除了佛像外，瑞安仙岩寺塔地宫中还供奉了一尊涂金木雕的僧人坐像，像座的包镶银片上錾刻着"泗洲大圣普照明觉大师"的字样。这位泗洲大圣名叫僧伽，是西域的何国人，很具有神通和灵异，曾经向人们现示出了十一面观世音菩萨的形象。唐朝景龙四年（710年）圆寂以后，归葬到了泗州的普光王寺。于是，后来的人们都把他当成了观音菩萨的化身来供奉。在宋元时代的佛寺中，有的还特意建造了僧伽殿，里面就专门供奉着僧伽的形象。苏州瑞光寺塔、金华万佛塔、上海兴教寺塔、温州白象塔、宁波天封塔中都有头戴僧帽、瞑目端坐的僧伽像，充分反映了当时社会上崇拜和供奉僧伽和尚的风气。

　　佛教的经典包含着释迦牟尼的全部思想和精神，常常被当作佛的法身舍利。五代以后，在佛塔内也开始供奉法身舍利了。在浙江湖州飞英塔中，就有后周广顺元年（951年）吴越国太后吴汉月（913～952年）给天台山广福金文院施舍的刻本《妙法莲华经》七卷，用来装经的是极为精致的木胎螺钿漆箱。苏州瑞光塔中有后周显德六年（956年）用金书写在

图 180 浙江温州白象塔出土的彩塑观音菩萨坐像（通高 65 厘米）

碧纸（磁青纸）上的《妙法莲华经》七卷等。温州白象塔出土了一大批北宋徽宗大观年间（1107～1110年）的写经和刻经，有《观无量寿佛经》《金光明经》等。丽水碧湖镇北宋塔中发现了政和六年（1116年）杭州法昌院印造的《佛说观世音经》一卷，绍兴二十二年（1152年）的《无量寿经》《金光明经》《大方广圆觉修多罗了义经》《金刚般若波罗蜜经》等。山东莘县北宋塔中出土了刻本的《妙法莲华经》五部。这些佛经有的是在民间极为流行并且很容易念诵的经典，是研究宋代雕版印刷史的重要参考资料。

我们所发现的宋代以前的佛塔，都是供奉释迦牟尼佛舍利的。到了宋代，又有了专门用来埋葬定光佛舍利的塔。定光佛又叫作"燃灯佛"，他是在释迦牟尼之前成佛的过去佛祖。据后秦鸠摩罗什（344～413年）翻译的《大智度论》说：这位过去佛在出生时，一切身边如灯，所以叫他"燃灯太子"，等到他成佛以后，就称他为燃灯佛了。在释迦牟尼前世还是一位孺童时，曾经用青莲花恭敬地奉献给燃灯佛。燃灯佛一见到孺童，就向众人预言说：在以后的贤劫之世，你就应当做佛了，释迦牟尼是你的尊号。所以，燃灯佛可以称得上是释迦的启蒙老师了。我们已经发现的供奉燃灯佛舍利的地方有两处，一处是镇江甘露寺铁塔，在北宋神宗元丰元年（1078年）重新安奉唐代的舍利时，又放入了三颗定光佛的舍利子。在山东惠民县归化镇出土了一件定光佛舍利石棺，在棺盖上刻着"沧州乐陵县归化镇罗汉院葬定光佛舍利记"，石棺内装着铁棺，还有丝织品残片和开元通宝钱五十余枚。

从1976年开始，考古工作者清理了云南著名的大理崇圣寺三塔中的主塔塔基和塔顶，发现了六百八十多件珍贵文物。这座塔基中没有地宫，而在塔基的墙洞中发现了泥佛像、泥塔和泥制的梵文咒等物品一百多件。在主塔塔刹中心柱的基座内发现的遗物最多，有木经幢、各种佛教造像（图181）、写经和法器等，还有十五面铜镜。佛教造像以铜铸的为主，也有金、银、鎏金、木、瓷、铁、玉石、水晶等质地的。其中的大黑天像，是云南地区当时信奉的密宗阿吒力教所崇拜的主要偶像。这批丰富的古代遗物，大致可以定在北宋至南宋时期。

上面所讲的这些宋代佛塔中的发现品，从有关文字记载来看，它们的施主没有贵贱之分，有男也有女。有的施主可以出巨资修筑地宫，有的施主却只能向地宫施舍一件包裹佛经的经袱。佛教认为：行善不分贵贱，施舍不论轻重，只要诚心敬佛，天国的福音就会向你降临。同唐代塔基中供奉物的施主只有皇亲国戚、地方官吏、寺院僧尼的情况相比，宋代参与供奉佛舍利的信众无疑来自各社会阶层，佛塔的建造和人们日常精神生活的关系也就更加密切了。

　　辽国的佛塔样式虽然别具一格，但在塔基地宫的埋葬制度上，却基本学习和继承了唐宋以来的制度。在地宫中供养小型佛塔、经幢，用小塔或金棺银椁来安置舍利子等等，仍然在继续流行着。辽国还学习北宋的做法，在塔基地宫中供奉定光佛的舍利子。

图 181　云南大理崇圣寺千寻塔发现的金银质阿嵯耶观音菩萨像（通高 29.5 厘米）

　　北京顺义区辽圣宗开泰二年（1013 年）修建的净光舍利塔基，在地宫的中央立着一座石经幢，在北部正中放置着银盒，盒内的葫芦形玻璃瓶中装着舍利。地宫中还有银座水晶塔、白瓷净瓶、水注、盘、罐等。根据石幢上的记载，净光舍利塔是专门为了供养"定光佛舍利五尊、单灰舍利十尊、螺髻舍利四尊"而设立的。天津市武清区大良村的一座辽代塔基中，出土了一座十三层的密檐式白瓷塔，是比较特别的。北京房山北郑村有一座十三层的密檐式实心塔，是辽兴宗重熙二十年（1051 年）修建的。1977 年 6 月，由于塔身倒塌，考古工作者对塔基进行了发掘，发现这座塔基中的地宫为方形的平面，顶部用砖砌成了叠涩形式，在石盖板的上面立着一座辽穆宗应历五年（955 年）雕成的陀罗尼石经幢，高有 3.12 米，石经幢的四周放着二十多件唐至五代的石雕佛像。地宫中央的舍利石函里面装着一尊石雕的释迦牟尼涅槃像，还有许多银器皿和水晶串珠等。在北郑村的佛塔第一层塔身中立着一座陶质的经幢，高有 1.87 米，是后唐长兴三年（932 年）制造的，幢的四周还立着四座小型的佛塔，这

图 182 辽宁朝阳北塔地宫

里的经幢和塔都是作为供养用的。

辽宁朝阳北塔的天宫和地宫中的藏品也十分精彩。这座佛塔的塔基是在北魏和唐塔基础上重建的，地宫平面呈长方形，用砖砌成。地宫的顶部用柏木板覆盖着，地宫的偏北处立着一座石经幢，上面有辽国兴宗皇帝重熙十三年（1044年）四月八日安葬佛舍利的题刻（图 182）。在地宫前方铺地砖下的秘龛中原来放置一个舍利石函，上面刻着哪吒指挥夜叉部众追杀兴风作浪的和修吉龙王的图像。天宫砌筑在塔心顶盖之上，宫门开向南方，门前是门道，接着是甬道，最后

图 183 内蒙古巴林右旗辽庆州白塔天宫

是天宫的主室。天宫的里面放置着舍利
石函，函内有木胎银棺，有"七宝"装
饰而成的宝盖罩在银棺的四周，棺内装
着金塔，金塔里面装着玛瑙制成的舍利
罐，罐内盛着两颗舍利。银棺的前面还
供养着金质的经塔和鎏金银塔，还有银
菩提树、香炉、萨珊玻璃瓶、瓷净瓶、瓷
盘、瓷碟等物放置在经塔和鎏金银塔的
两侧，这座天宫是在重熙十二年四月八
日完成的。1988～1992年间，在内蒙古
巴林右旗辽庆州白塔的塔刹内发现了天
宫，天宫修筑在塔刹的覆钵体内，是以
刹杆为中心的五个相连的穴室（图183），
里面珍藏着佛菩萨像和大量的法舍利小
塔（图184），砖函贴金彩绘涅槃佛像

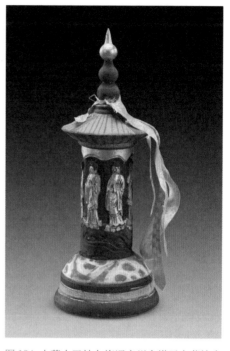

图184　内蒙古巴林右旗辽庆州白塔天宫藏法舍
利小塔

（图185），以及舍利银瓶、莲蕾琥珀舍利瓶、墨绿玻璃舍利瓶，还有佛教经咒、丝
织品、药材等物。这是我们目前发现的制度比较完备的两座辽塔天宫。

　　1974年，在著名的山西应县佛宫寺辽代木塔的第四层主佛像的身体内，曾经
有过一次重大发现。这尊佛像的身体内藏着辽国大藏经中的《华严经》等十二卷佛
经，单刻佛经《法华经》等十五卷，还有杂刻和杂抄的经典二十八种，纸本木刻
墨印的《药师琉璃光佛像》等图像作品六件，同时还藏着一颗佛牙。这批珍宝大概
是在辽末金初藏入这尊佛像身体内的，在研究古代佛经版本和校刊工作方面都具
有很高的学术价值。

　　河北省固安宝严寺塔基地宫的发现，可以作为金国佛塔地宫制度的代表。在
这座平面八角形塔基中心修筑着正方形的地宫，里面安奉着汉白玉石函，函盖上
刻写着"士海幢佛牙真舍利，维天眷元年（1138年）三月十一日庚辛时建，大金
国燕京琢州固安县宝严寺"。石函内还供养着鎏金银佛舍利柜（图186），柜内有
鎏金舍利盒，盒内装着珊瑚以代表舍利，还有金银菩萨立像和银幡等物品。塔基

图 185　内蒙古巴林右旗辽庆州白塔天宫藏砖函贴金彩绘涅槃佛

图 186　河北省固安宝严寺塔基地宫出土的鎏金银佛舍利柜

图187 宁夏贺兰县西夏宏佛塔天宫维修现场

中出土的一块题名砖上说：这座塔所供奉的是定光佛的舍利子。

　　从西夏国后期开始，特别是元朝建立以后，藏传佛教在中国大陆的盛行，也给佛塔内部的供奉物品制度带来了新的气象 —— 从塔基中的地宫逐渐向塔身和塔顶发展。在宁夏贺兰县拜寺沟方塔的第十、十二层塔心室内，原来珍藏着许多西夏文佛经、文书，以及汉文佛经、文书，还有一包共四粒舍利子和骨灰，小泥塔模和小泥佛像等物。1990年，文物工作者在维修宁夏贺兰县的宏佛塔时，在塔顶部位发现了上大下小的砖砌梯形天宫，高1.63米，底边长2.2米，里面供奉着彩绘佛画十四幅，还有不少的彩塑佛像残块和木雕彩绘像，以及西夏文木刻残经板二千多块（图187）。在这些艺术作品中，不乏藏传佛教所特有的艺术形象，如喜金刚像等。贺兰县的拜寺口西塔天宫是一个密封的平面圆形穹室，高有2米，底部平面直径为2米，穹室的上部为四角攒尖顶。在天宫内发现了藏传佛教流行的上师像和上乐金刚双身像彩绘绢画（图188），木雕上乐金刚双身像，以及极为珍贵的元代家具，还有一枚"大朝通宝"银币，是元朝国号确立以前的蒙古时期的钱币。1987、1988年间，文物工作者在维修宁夏青铜峡市的一百零八塔时，在部分塔内

图 188　宁夏贺兰县拜寺口西塔天宫出土的彩绘绢质上师图

曾经发现了元朝的砖雕佛像、彩塑像和西夏文刻经残叶等。在云南大理下关市的佛图塔中，也发现了元朝的铜菩萨像，还有密教所惯用的法器 —— 金刚杵，共有三十六件，有的上面装饰着大黑天神像。

　　宁夏同心县的康济寺塔中发现了很多明代文物，有铜造的释迦和菩萨像，也有道教尊奉的无量祖师和老子像。在塔内珍藏的刻本经典中，有佛教经典，也有道教经典。在唐《大颠庵主注解心经》的后面有"大明永乐三年（1405 年）岁在乙酉十二月吉日，陕西布政司淳化县底庙人任宁夏中护卫中所"的题记。塔里的砖上还有很多明朝万历九年（1581 年）的题名，为我们提供了建塔的大致年代。另外，在康济寺塔的藏品中，我们可以明显地看到明朝佛教和道教合流的情况。

　　在扶风法门寺明朝万历三十七年建成的八角形十三层砖塔佛龛中，当时供奉

图 189　陕西扶风法门寺明塔遗迹中出土的元刻《普宁藏》本《大方广佛华严经》

了千余卷佛教经典，有宋代的《毗卢藏》十六卷，元版的《普宁藏》五百七十余卷，以及明朝的手抄佛经等等，都是研究佛教藏经史的珍贵资料（图 189）。宝塔众多的佛龛中还藏着明、清、民国时期的铜、石、泥质佛教造像 106 尊，其中的大多数是明朝万历年间建塔的时候制作成的，做工都十分精湛，我们也可以从中看出它们接受藏传佛教造像风格影响的成分。有一所佛龛中藏着一座明朝万历三十五年制作的铜铸覆体式塔，在塔内原来珍藏着七色舍利子。

　　元、明、清时代的佛塔内部供养物，和前朝相比更加重视佛教造像、法器和经典，这是参与供养佛塔的信众更加广泛，和人们大造来世功德的进一步普及的必然结果。即使不修造佛塔，单纯地制作佛像、法器，刻写佛经也可能积攒无上功德，如果再将它们施舍、供奉在佛塔里面，就可以永远地陪伴佛祖，与佛塔共存。中国佛教从取自于印度、中亚，用之于神州大地，再逐渐地中国化，最后和中国人的日常生活有机地融合为一体。从历代佛塔的地宫、塔身、天宫对真身舍利、碎身舍利、法身舍利等的供奉制度中，我们可以清楚地看到这一发展轨迹。

悉达多太子离开王宫出家之后，国王、夫人、公主以及宫里所有的人都禁不住失声痛哭。国王命令侨陈如等五位随从前去追回太子。当他们赶上太子时，太子已经在山林中进行苦修了。后来，这五人在太子的劝说下也开始出家修行了。但当太子认识到自我折磨的苦修与道无缘，应该采用中道的时候，他们误以为太子已经放弃了对真理的追求，便纷纷离开了太子。悉达多经过了长时间的磨炼与思考，最后终于成道了。成道之后，悉达多首先想到的是那五位随从，听说他们都在波罗奈的鹿野苑修行，就来到鹿野苑为侨陈如等五人第一次宣讲自己的大法，这五人就成为了悉达多成佛以后最早的信徒。从此，悉达多就踏上了解脱众生出苦海的道路，并被信徒们尊敬地称呼为"释迦牟尼"，而以侨陈如等五比丘为主的僧团从此就正式成立了。

摩诃波阇波提是释迦牟尼的母亲摩耶夫人的妹妹，她们姐妹二人都嫁给了净饭王。摩耶夫人去世后，她收养了姐姐的儿子——悉达多太子，而把自己的儿子难陀交给宫女抚养。净饭王去世后，摩诃波阇波提决意要求释迦允许她加入僧团。释迦牟尼开始并不同意妇女也加入僧侣的行列，但在大弟子阿难陀的劝说下，终于准许妇女出家了。于是，比丘尼团体也就宣告成立了。

出家过着修行生活的比丘和比丘尼，也就是我们一般概念中的和尚和尼姑。他们在寺院里依据各自所应遵守的戒律，破除了在家人的一切烦恼，不断地证悟着佛法的真谛，并向人们传播着佛教的基本道理。还有一种亲近皈依三宝，接受了杀、盗、淫、妄、酒等五戒的在家信徒，男性称为居士，也叫"优婆塞"或"清信士"；女性称为女居士，也叫"优婆夷"或"清信女"，他们是出家僧侣们的主要供养者。那位曾经给释迦牟尼修建祇树给孤独园的给孤独长者，就是佛教在家信徒的楷模。佛祖的弟子们圆寂后，信众们也是用建塔的方式来供养他们的遗骨舍利，唐朝高僧玄奘（602~664 年）就曾经在印度的摩揭陀国见过阿难的半身舍利塔。

三国时期的曹魏嘉平二年（249 年），中天竺精通佛教戒律的僧人昙柯迦罗（法时）游化到了曹魏国的首都洛阳城，特意邀请当地的梵僧一起建立了羯磨法坛来为中国人传戒。在此以前，虽然也有中国人出家当和尚的，但那只是剪除了自己的头发，没有受戒，因此也就算不上是真正的和尚。曹魏国的朱士行（203～282 年）是第一位登坛受戒的中国和尚。随着佛教大法在中国的逐渐盛行，一座座寺院在中国相继建立，就有越来越多的中国人信仰佛教，他们有的出家为僧，有的接受五戒成为在家居士。在历史发展的长河中，中国的佛教界涌现出了许许多多著名的高僧大德与在家居士，他们为中国佛教的弘扬与传播做出了应有的贡献，也为无数的佛教信徒树立了榜样。当他们圆寂之后，在世的弟子们也按照印度传来的埋葬风俗，先将他们的遗体火化，再将他们的遗骨收集起来，修建一座座塔来供养。据有关佛教史书记载，有的高僧遗体在火中也结晶成了五彩斑斓的舍利子。

中国古代的高僧墓塔已超过万数，有的寺院墓塔聚集成林，形成了古今中外闻名的塔林。一个个高僧相继圆寂了，一座座供养他们遗骨舍利的宝塔又相继建立起来，这些高僧墓塔，寄托着人们对这些大德们光辉业绩的缅怀情感。如果说佛祖释迦牟尼是佛教信众的导师，那么佛家弟子中的这些高僧，就是信徒们学习的典范。

在世觉悟　后世之师

庄严神圣的塔林

宝塔骈罗　鳞次栉比

在佛教寺院中，一般都有专门修建高僧墓塔的区域，或在寺院之中，或在寺院的旁边。有的寺院年代久远，而属于它的高僧墓塔也就自然地聚集成林了。一般来讲，能够有资格在寺院中建塔供养的高僧，大部分是原来这个寺院的方丈、住持、首座、监院等等，或者是对这个寺院有过突出贡献的高僧。在中国，能够聚集成林的高僧墓塔虽然与寺院相比并不太多，但也为佛教的胜地增添了特殊的魅力。登封少林寺塔林、永济栖岩寺塔林、长清灵岩寺塔林、临汝风穴寺塔林、历城神通寺塔林、北京延寿寺塔林、潭柘寺塔林等，都是中国现存著名的塔林，也是名副其实的古塔博物馆。

河南登封少林寺塔林（图 190），位于少林寺西侧约 500 米的少室山麓，共有大大小小的古代高僧墓塔 250 多座，是目前已知中国最大的一处塔林。少林寺是中国佛教禅宗的发祥地。在隋唐更替的时候，寺里的十三棍僧曾经帮助过李世民（598～649 年）平定洛阳的军阀王世充（？～621 年）。因此，李世民当了皇帝后（即唐太宗），特意下圣旨给予少林寺的僧人以特殊的待遇。少林寺历代的佛教香火都是十分兴旺的，而且常常云集着高僧大德们在这里讲经说法，探讨佛教理论。所以，高僧的墓塔也就自然增多了。从现存墓塔所提供的资料来看，最早纪年的是唐德宗贞元七年（791 年），最晚纪年的是清朝嘉庆八年（1803 年）。这些墓塔大部分是用砖石砌筑成的，塔的层数从一级到七级的都有，高度一般在 15 米以下，总体的高度比起佛塔就要逊色多了。可贵的是，由于墓塔的下面都是安葬着高僧的遗骨，因此一般都具有明确的石刻塔铭文字，也有准确的年代可查。

少林寺塔林之塔的造型是五花八门、异彩纷呈的。密檐式塔和亭阁式塔是少林寺高僧墓塔的主要类型，还兼有四方形、六角形、八角形、圆柱形、瓶形、锥形的，以及用一块独石雕成的特殊形状等等，真可谓是古塔艺术的荟萃之地。少林寺塔林中的古塔，大部分是埋葬中国高僧遗骨的，但在有的塔下则供奉着外国高僧的遗骨，或者保留着他们的遗迹。例如，元朝至元五年（1339 年）建造的菊庵长老墓塔，塔后嵌砌的塔铭是当时的少林寺首座 —— 日本国僧人邵元撰写并书丹的。还有一座明朝嘉靖四十三年（1564 年）建造的天竺和尚墓塔等。在少林寺的

图 190 河南登封少林寺塔林部分

周围还散存着许多很有研究价值的高僧墓塔，唐武则天永昌元年（689 年）建造的禅宗著名僧人法如（638 ~ 689 年）的墓塔就是一例。

　　山西永济栖岩寺塔林（图 191），位于永济市西 20 千米处的中条山顶，现存古塔有 26 座，属于唐、五代、宋时期的各有 1 座，元代的有 2 座，明、清时期的 21 座。除了一座宋塔之外，都是历代栖岩寺的高僧墓塔。唐玄宗天宝十三载（754 年）建造的大神师塔为一座圆形亭阁式的实心砖塔，高约 8 米，上面有线刻的各种图案装饰，在全国的高僧墓塔中是比较少见的，也是时代较早的圆形亭阁式塔实物。五代后唐同光三年（925 年）所建的一座八角形单层亭阁式塔，高有 3.5 米，在塔门之内有塔室，门外两侧刻着二身天王像，侧面刻着陀罗尼经咒，雕刻十分精美。元代的两座墓塔都是六角形的亭阁式塔，高度在 6 米左右，塔身的下面有须弥座，塔檐下面刻出了斗栱，塔身表面还雕出了假门窗。其余 21 座明、清时代的高僧墓塔，在造型与雕刻方面也各具特色。

　　山东长清灵岩寺塔林（图 192），位于灵岩寺的西侧，保存着从唐朝到清朝的 167 座高僧墓塔，具有丰富的类型和优美的造型。唐玄宗天宝年间（742 ~ 755 年）建造的高僧慧崇禅师墓塔在塔林中年代最早，它是一座单层重檐的方形亭阁式塔，全部用石块砌筑而成，高有 5.3 米；塔身的下面有一个束腰须弥座，塔身的正面开门，其余三面做着半掩的假门，门内有一个半露身躯的人作开门状；塔身上雕

图 191 山西永济栖岩寺塔林部分（刘晓华拍摄）

图 192 山东长清灵岩寺塔林

刻着狮首、伎乐、飞天、力士等形象；塔檐用石板层层叠涩挑出，塔刹是由下部的叠涩基座、仰莲及宝珠组成，为唐代单层石塔的一般作法。灵岩寺塔林中的这些墓塔的体量一般都比较小，种类以钟形塔居多数。塔林中还有 81 块志铭碑刻，是研究这处塔林历史的绝好材料。

河南临汝风穴寺塔林，共有两处，分布在寺院的旁边。塔林中的墓塔共有 100 多座，是河南省境内除少林寺塔林之外最大的一处塔林。但是，风穴寺中最为著名的高僧墓塔则是位于寺内大殿后侧的七祖塔（图 193）。

图 193 河南临汝风穴寺七祖塔

七祖塔是在唐玄宗开元二十六年（738 年）建成的，塔内供奉着著名高僧贞禅师的遗骨，唐玄宗（712～756 年）亲自给这座塔赐名为"七祖塔"。七祖塔是方形平面的九层密檐式砖塔，高度在 27 米左右，塔檐都是用砖叠涩挑出，向上渐有收分，与西安荐福寺的小雁塔有一些相似之处。七祖塔的塔刹还保存完好，这在现存的唐塔中是比较难得的。

山东历城神通寺塔林（图 194），位于神通寺遗址之内，这里保存着隋代的四门塔、唐代的大小龙虎塔，还有宋、元、明时期的高僧墓塔 40 余座。这些墓塔的形制有密檐式、亭阁式、经幢形、钟形、圆筒形、圆球形、阙形等等，体量都不大，但形式却多种多样。对称分立的两座阙形塔是比较独特的，就如同古代皇宫大门外的双阙一般。阙形塔身上的铭刻表明，它是神通寺的住持成公无为大师的墓塔，建于明朝嘉靖五年（1526 年）。塔体全部用石块筑成，下面是束腰须弥座，座上是长方体的塔身，塔身上方是三重石刻屋檐，没有塔刹。从这个阙形塔的身上，我们可以看到印度的建塔供养思想与中国古代建筑的完美结合。

北京昌平延寿寺塔林（图 195），位于昌平区东北 30 千米处的银山南麓古延

图 194 山东历城神通寺塔林

图 195 北京昌平延寿寺银山塔林

寿寺遗址上。延寿寺也叫法华寺，建于金太宗天会三年（1125 年）。这处塔林共有高僧墓塔 7 座，数量虽少，但比起一般的高僧墓塔来要高大许多，因此颇有气势。在这 7 座墓塔中，有 5 座是金国建造的，2 座建于元代。5 座金国墓塔都是密檐式的砖塔，塔下都有高大的须弥座，须弥座和第一层塔都有精美的雕刻装饰，在密檐的下面都做出了仿木构的斗栱，它们的高度在 20～30 米之间。两座元代的墓塔体量较小一些，也是用砖砌筑成的，一座是密檐式的，一座是密檐、楼阁与覆钵式相组合的形制。这 7 座身处深山废寺中的墓塔，是近几十年来新发现的高僧墓塔中的瑰宝。

北京潭柘寺塔林，位于北京西郊潭柘山的宝珠峰麓。在潭柘寺山门外约 250 米处有一块小平地，就是潭柘寺的下塔院位置，这里保存着大大小小的砖石砌筑的墓塔约有 48 座，都是金、元、明朝时期寺内有一定身份地位的高僧之塔。在这些墓塔中，年代最早的是金熙宗天眷年间（1138～1140 年）建造的海云禅师塔，还有金世宗大定年间（1161～1189 年）的通理禅师塔。下塔院的墓塔可分为密檐式、亭阁式、经幢式、覆钵式等几种类型，其中的妙严大师墓塔是最惹人瞩目的。妙严是元世祖忽必烈（1260～1294 年在位）的女儿，13 世纪时在潭柘寺出家当了尼姑。潭柘寺本是一座和尚庙，为了安置这位皇家的公主，就特意在寺院西北的最上方修建了一座观音殿。传说妙严公主出家后，每天都十分虔诚地向佛祖顶礼膜拜，时间久了，便在经常站立的方砖上留下了一对深深的脚印。妙严大师圆寂之后，寺院的僧侣们就把她安葬在了下塔院。她的墓塔是一座高大的五层密檐式塔，基本上保留了辽、金密檐

图 196 北京潭柘寺塔林中的妙严大师墓塔

式佛塔的样式（图 196）。在下塔院的上方，还有一处上塔院，可以分为上、下两层，分别排列着 10 座与 13 座藏传佛塔式样的覆钵式墓塔，它们都是清代潭柘寺大德的骨灰供养之所。

　　中国古代的高僧塔林当然远远不止这些，在这里提到的只是比较著名的一部分而已。寺院近旁的高僧塔林，就好比是一部有形的寺院发展史，它在向我们讲述着寺院香火的兴衰与演变，也在向我们展示着历代大德们的功德与业绩。

遗骨安奉在山崖间

　　地面寺院近旁的高僧塔林，一般人是并不陌生的，因为只要去过中岳嵩山名盖天下的少林寺，就会对它有一个大体的了解。在中国的古代，还有一种开凿在河畔山崖间的寺院 —— 石窟寺，敦煌、云冈、龙门，就是中国著名的三大石窟寺。中国古代的石窟寺多不胜数，从石窟洞类型的功能方面看，都是当年提供给僧侣们讲经说法、礼拜修行、生活起居用的。人们不禁会问：古代在石窟寺中出家修行的僧侣们圆寂之后，用什么方法来供奉他们的遗骨呢？从考古发现的资料来看，他们有的是在石窟所在山崖间开窟安葬，这种洞窟叫作"瘗窟"，如天水麦积山石窟中安葬西魏皇后乙弗氏（510～540 年）的瘗窟；有的则是将高僧的骨灰装在他的真容雕塑像之中，再在山崖间开凿一所洞窟安置这尊像作为纪念，这种窟叫作"影窟"，如敦煌莫高窟第 17 窟唐代高僧洪辩的影窟，即著名的藏经洞。但如果与一些石窟近旁的浮雕石塔相比，瘗窟和影窟的数量就要逊色多了。这些浮雕石塔就是当年在石窟寺中活动过的高僧们的安葬之处，其他地区寺院僧侣圆寂以后，有的也会集中到一些石窟寺所在的摩崖塔林来凿塔安葬，它们的宗教功能与我们在前一小节中讲述的塔林是完全一致的。一座座分布在山崖间的浮雕石塔，构成了宏伟、壮观的崖中塔林，河南安阳灵泉寺塔林和甘肃张掖马蹄寺塔林，就是规模较大的两处。

　　灵泉寺，位于安阳市西南 30 千米太行山支脉宝山的东南麓，是南北朝、隋、唐时期中国北方的著名佛寺。目前，这一带保存着东魏与北齐开凿的大留圣窟，和隋代开凿的大住圣窟。在灵泉寺东南 5 千米善应村龟盖山南麓，还保存着三所北齐开凿的小型石窟洞。在灵泉寺西侧的宝山和东侧的岚峰山崖壁上，还各有一处规模壮观的摩崖塔林。宝山塔林可以分为上、中、下三层，共有 80 座，从保存有题记的 30 座浮雕塔的情况看，它们是隋朝和唐朝的高僧墓塔。岚峰山塔林也是按照山崖的走向分成了上、中、下三层排列，共有 73 座，其中有 32 座题记保存完好，分别属于初、盛、中唐之际。由于受到山崖地形的限制，每层浮雕墓塔都不在同一个水平线上。这些浮雕石塔高的在 1.5 米左右，低的仅有几十厘米，基本都是方形亭阁式塔，由台基、方柱状的塔身、覆钵体、塔刹等几部分组成，在塔身的正中偏下部位开出一个圆拱形的尖楣龛，龛内以浮雕的手法刻着塔主的真容像。如果与北响堂石窟中的浮雕佛塔相比，我们会发现它们之间有很多共同之处。所以，这种浮雕塔基本延续了北齐以来曾经流行过的宝塔形制。

在灵泉寺塔林中，有 60 多座墓塔保存着明确的铭文题记，为我们的研究提供了很多便利。这些墓塔分别被称为支提塔、烧身塔、灰身塔、灵塔、像塔、影塔、碎身塔、散身塔等，都是属于纪念性的墓塔。从塔上的铭文题记来看，它们的主人分别来自当时安阳以及河内一带的宝山寺、灵泉寺、慈润寺、光天寺、大云寺、圣道寺、妙福寺、报应寺、圆藏寺等，墓塔主人的称号分别有法师、论师、律师、禅师等。很多僧人并不见于佛教历史文献的记载，可以说，这是一部十分珍贵的石刻高僧传记。

宝山塔林的第 61 号塔建于隋文帝开皇九年（589 年），是灵泉寺塔林中纪年明确的最早的一座。宝山第 68 号塔建于隋文帝仁寿元年（601年），在塔身的下部是一层方形台基，

图 197　河南安阳宝山 67 号唐高宗显庆三年清信士吕小师灰身塔（20 世纪 90 年代拍摄）

塔身正中偏下处开着一个圆拱尖楣龛，龛内刻着一身僧人坐像；塔身上部是三层叠涩台，承托着有山花蕉叶装饰的覆钵体；覆钵体的上部是三重相轮和火焰宝珠；在塔顶的两侧刻着："比丘道寂愿生安乐灰身塔，大隋仁寿元年正月二十日终"。宝山第77号塔建成于唐太宗贞观二十一年（647年）七月八日，在塔身的上方刻着六身站立的人物双手承托塔顶，它们的身下刻着一排覆莲瓣；覆钵体的外面用三个火焰宝珠装饰着，覆钵的上部是仰莲承托的平头，平头上又有一个较小一些的覆钵丘，外面也装饰着三个火焰宝珠，覆钵丘的上面是四层向上渐小的覆莲瓣，最上是一颗火焰宝珠；塔上的题记表明，它是灵泉寺故大修行禅师的灰身塔。宝山第67号浮雕塔是唐高宗显庆三年（658年）清信士吕小师的灰身塔，也是一座装饰着山花蕉叶与覆莲瓣的亭阁式覆钵塔（图197）。在灵泉寺众多的僧人墓塔中，还有几座是专门为已故的在家女居士修建的墓塔，如岚峰山第48号塔雕成于唐太宗贞观十九年（645年），在塔身的龛中雕着一位身着初唐典型妇女服装的女子正面坐像，双手拿着一串念珠，塔上题记刻的是："故清信女大甲优婆夷灰身塔记，大唐贞观十八年五月廿七日终，至十九年二月八日，有三女为慈母敬造"；岚峰山第56号塔塔身龛中也雕着一位女装人物像，塔上的题记是："故清信佛子玉永徽二年（651年）七月终，至六年正月廿六日□，此名山男女等□□为母造灰身塔，刊石□记。"（图198）这些浮雕石塔原本都是模仿地面上的墓塔形制凿成的，如今像灵泉寺塔林这样的地面墓塔已经很难再见到了，因此，这些摩崖石刻塔就为我们研究隋唐时期亭阁式墓塔的发展演变提供了一大

图198 河南安阳岚峰山56号唐永徽二年佛子玉灰身塔实测图

批难得的实物资料。

马蹄寺石窟群，位于张掖地区裕固族自治县马蹄区的祁连山境内，南距张掖市约 62 千米，可以分为千佛洞、南寺、北寺三个部分。千佛洞区石窟开凿在马蹄河的西岸、距离马蹄山北面 3 千米的陡峭崖壁上，它

图 199　甘肃张掖马蹄寺南寺元代摩崖塔林部分

的南段和中段是北魏至唐代石窟，北段是浮雕塔林。南、北二寺区位于马蹄区公署背面的马蹄山中部崖壁上，一南一北，遥遥相对着。其中北寺的第 3、7、8 窟，都是规模巨大的元代石窟，里面还保存着藏传风格浓厚的造像，说明了这一带曾经流行过藏传佛教的信仰。南寺有众多的摩崖浮雕石塔（图 199）。千佛洞区和南寺的浮雕石塔都具有鲜明的元代覆钵式塔风格：在它们的中部都有上小下大的钟形覆钵体，下面是"亚"字形平面的须弥座与承托覆钵体的仰覆莲台；覆钵的上部是"亚"字形平面的平头，平头上面装饰着山花蕉叶；塔刹的主体是上小下大收分明显的十三重圆锥形相轮，显得高大而挺拔；相轮上方是圆形的伞盖、仰莲花、仰月、圆光和火焰宝珠。另外，从伞盖的上部还分别向两边飞飘着彩幡。在塔身覆钵体的中部一般都开着一个方龛，现在都是空的，原先应该是安奉高僧遗骨的位置。马蹄寺石窟群中的摩崖塔林也是属于僧侣坟冢的性质，它们应该是元代以来曾经在这里修行的藏传佛教僧人们圆寂安息的地方，与崖间的石窟群带可以组合成一个有机的崖中寺院。

除了安阳灵泉寺和张掖马蹄寺之外，在洛阳的龙门、永靖的炳灵寺、固原的须弥山等石窟群中，我们也可以见到一些摩崖石刻墓塔，只是数量较少，分布也比较零散一些，但它们的宗教性质则是完全相同的。

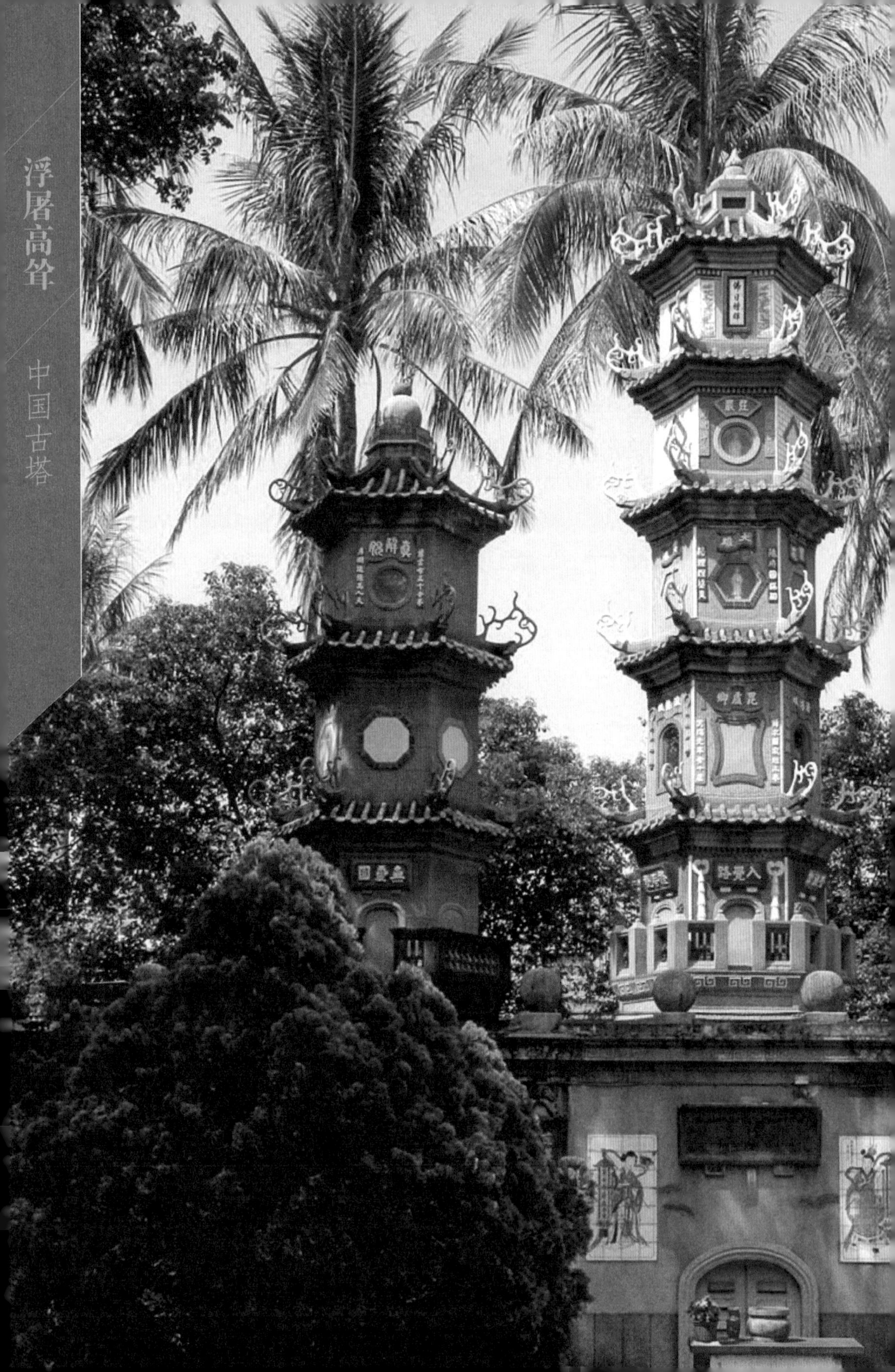

历代圣僧美名传

乱世中的传教人

十六国与南北朝时代，是中国古代的大动荡年代，但却又是中国佛教从附庸的地位走向独立自主的重要时期。在这 200 多年期间，曾经涌现出了无数的高僧大德，他们在确立中国佛教思想体系、完善修行制度方面做出了突出贡献。然而令人遗憾的是，这些高僧们的光辉业绩，我们只能从佛教史书中去寻觅，很少有实物资料保存到今天。由于资料的缺乏，我们在这里只向大家重点介绍两位高僧的事迹和他们的舍利宝塔。

鸠摩罗什（344～413 年），是中国佛教史上和唐朝的玄奘法师（602～664 年）齐名的高僧。鸠摩罗什的父亲叫鸠摩罗炎，是天竺国（今印度）人，他翻越葱岭来到今天新疆库车一带的龟兹国。龟兹国王很敬重他的人品和才能，就将自己的妹妹嫁给他为妻。鸠摩罗什是父亲的长子，他七岁就和母亲一同出家开始了佛教的修行生活，曾经系统地学习了小乘和大乘经典，在西域一带享有很高的声誉。382 年，前秦国主苻坚（338～385 年）派遣大将吕光（337～399 年）等出兵西域，他嘱咐吕光在攻下龟兹之后，尽快把罗什送到首都长安来。384 年，吕光攻陷龟兹，得到了罗什。第二年，苻坚被人杀害，吕光带兵在凉州（今甘肃武威）地区建立了后凉国，罗什也一同跟随到了凉州，一住就是 17 年。后来姚苌（后秦开国皇帝，329～393 年）在长安继承苻坚当了皇帝，建立了后秦国。姚苌的儿子姚兴（366～416 年）继位后，他也十分仰慕罗什的高名，就于 401 年出兵攻打凉州，罗什才被迎请到了长安，这时他已经 58 岁了。

姚兴对罗什十分敬重，以国师的礼节来对待他，当时的王公贵、远近的僧侣们无不心向长安的佛法，后秦国的佛教事业进入了最繁荣阶段，首都长安成为当时中国北方弘扬佛教的中心地。从 402 年开始，罗什接受姚兴的邀请，经常在逍遥园的西明阁、澄玄堂以及草堂寺讲经说法、翻译佛经，在大乘佛法的传播方面做出了卓越贡献。罗什还培养出了一大批杰出的弟子，他们在以后南北朝佛教事业的发展上都曾经发挥过重要作用。

在今天西安市西南大约 50 千米的地方，有一座远近闻名的草堂寺，它的前身是姚兴的御苑——逍遥园的一部分，就是当年鸠摩罗什翻译佛经、讲经说法的主要场所。草堂寺里保存着一座鸠摩罗什的舍利塔，又叫作八宝玉石塔，相传是 413 年鸠摩罗什圆寂后，弟子们为了安放他的舍利而建造的（图 200）。这座亭阁式塔高有 2 米多，它的下部须弥山形塔基表面做成了山岳波涛以及浪花的装饰纹样。塔基的平面是圆形，上部承托着八角形平面的塔身。塔身表面刻出了门、窗等，上面覆盖着四出方形的屋顶，在屋檐下面还用阴线刻着佛像与飞天。屋顶上的塔刹是由巨大的花叶承托着扁圆形的宝珠组成的。更为精彩的是，整个塔体

图 200　陕西户县草堂寺鸠摩罗什舍利塔（2016 年唐大华拍摄）

是由玉白、砖青、墨黑、乳黄、淡红、浅蓝、赫紫、深灰等八种颜色的玉石雕制而成的，所以才被人们俗称为"八宝玉石塔"。

从鸠摩罗什舍利塔的现状来看，它较多地体现出了宋代的雕刻手法和建筑特征，因为这座石塔是在原来的舍利塔被毁坏以后，由宋代的佛教信徒们于徽宗政和七年（1117 年）雕刻成，用来重新供奉鸠摩罗什舍利的。如果没有鸠摩罗什，草堂寺也就不可能在佛教历史上占有如此的重要地位。相对于今天的草堂寺而言，鸠摩罗什舍利塔也具有同样的重要性。

甘肃省武威市鸠摩罗什寺中的罗什塔，也是鸠摩罗什的舍利塔。该塔相传建于 413 年，即罗什圆寂的那一年。在唐、宋、明、清各朝代都有过修缮。1934 年重修时在塔下发掘出一块石碑，上面刻着"罗什地址，四面临街，敬德书"。现存的塔是在清代的基础上于 2013 年重新修缮的（图 201）。它是一座高 33 米、八角形平面的十二层空心楼阁式砖塔，内置木梯可达塔顶。塔内藏有鸠摩罗什舌舍利及鸠摩罗什像一尊，大藏经一部，并有鸠摩罗什翻译的石刻《佛说阿弥陀经》一卷等。

图 201 甘肃武威鸠摩罗什寺罗什舌舍利塔

后秦弘始十五年（413年）四月十三日，鸠摩罗什圆寂于草堂寺。由于罗什曾经在吕光的逼迫下结婚生子，破了佛门戒律，就在临终前嘱咐他的弟子们，应该以他翻译的佛经为准则去修习佛理，而不要以他的生活行事为准绳。他譬喻说：臭泥中可以生出洁净的莲花，但采摘莲花时不要连同臭泥一起取走。他还与弟子们道别说：我前后所翻译的经论有三百多卷，可以流传后世，供大家共同弘扬佛法。我今天在众人面前发誓，如果我所传的佛法没有错误，你们焚化我的肉身之后，我的舌头不会焦烂。相传鸠摩罗什的遗体被火化后，他的舌根果然不烂，正好见证了他的誓言。于是，弟子们遵其所嘱，将他的舌舍利运往凉州建塔供奉。

1983年，文物工作者在安阳灵泉寺西北100米处的丘地上清理出了两座保存完整的北齐单层方形亭阁式石塔，在西石塔的塔心室门额处刻有"宝山寺大论师凭法师烧身塔，大齐河清二年（563年）三月十七日"的题记，是目前国内现存极为稀有的北齐建筑实物。

宝山寺就是今天的灵泉寺。根据唐代僧人道宣（596～667年）的《续高僧传》记载：这位凭法师的法名叫释道凭，俗姓韩，是平恩县（今河北曲周县东南）人。

他 12 岁出家，最初学习的是《维摩诘经》，据说他只要听过一遍就不会忘记。以后他又学习了"涅槃""成实"等大乘佛学，有了自己的独到见解，并且向大众宣讲，闻名遐迩。他曾经在嵩山少林寺修行，周围地区的僧侣们听说后，纷纷到少林寺向他学习佛法，询问佛教中的道理。经过十几年的修行与游化，道凭的声望越来越高了，河北一带到处都留下了他的传法足迹。道凭最擅长宣讲《地论》《涅槃》《华严》《四分》等佛教经典，他只要把这些经典浏览一遍，不翻看前人的注解，就能完全掌握经典的义理，再去使大众洞会经中的旨意，如同指路明灯一般引导人们去证悟佛法中的真谛。在当时北齐国的首都邺城一带，曾经盛传着"道凭法师的文句实属一代希宝"这个热门话题。北齐天保十年（554 年）三月七日，道凭在邺城西南的宝山寺圆寂了，终年 72 岁。相传在他即将圆寂的时候，房间里充满了奇异的香味。

安阳灵泉寺的大留圣窟，就是在 546 年道凭法师创建的修行禅窟。道凭法师的烧身塔位于灵泉寺基址西侧的台地上，通高近 1.5 米，下部是三层叠涩的方形台基，台基的上部是方柱体的塔身，正面开着一个圆拱形的火焰楣龛，龛内塔心室的下部有原来珍藏骨灰（或舍利）的石穴；塔身之上向外叠涩三层，再上是一个较扁的覆钵丘，四周装饰着蕉叶与宝珠；覆钵丘的上方是由蕉叶形平头承托的三层相轮，最上方是一个宝珠。这座石塔是在道凭法师圆寂 9 年之后，由他的弟子们建造成的。它的基本样式与北响堂石窟大佛洞、灵泉寺塔林中的浮雕石塔属于同一种类型，但它却是没有依附于崖壁的实物，这就显得十分难得了。在这座烧身塔的左侧还立着一座造型与体量均相同的石塔，应该是道凭法师

图 202 河南安阳灵泉寺道凭法师双石塔（20 世纪 90 年代拍摄）

图 203 山西五台山佛光寺祖师塔（20 世纪 80 年代拍摄）

图 204 山西五台山佛光寺祖师塔平面与立体示意图

的纪念塔，在塔心室的下部没有藏舍利的石穴，与烧身塔共同构成了一组双石塔（图 202）。

说起北朝时代的高僧墓塔，古建筑学家们便会自然地想到山西省五台山佛光寺东大殿南侧的祖师塔（图 203、204）。它有 8 米高，是佛光寺初祖禅师的墓塔，和上面的两例相比，它虽然没有历史文献的精彩记录相伴随，但却以其精湛的建筑艺术而闻名于中国有形的历史画卷之中。祖师塔是一座平面六角形的砖塔，它的外观可以分为两层，而实际上只有下面一层有塔室。下层塔身的下部有台基，表面做出了壶门状。塔身的正面开着圆拱形的门洞，上部是层层叠涩的塔檐。上层塔身的下部也有壶门状的基座，座上伸出三重仰莲瓣承托着上层塔身，在塔身的正面开着圆拱形的假门，两个门扇为半开状，在六角处都做出了角柱，角柱的柱头、柱脚和中部都装饰着仰莲花束，这是北齐时代所流行的做法。塔刹是由仰莲形刹座、六瓣形宝瓶以及覆莲瓣与宝珠组成的。这座墓塔具有独到的艺术风格，是一座极为珍贵的古塔实例，经常被中国建筑史的专著所引用。

从西方归来　到天国中去

唐僧玄奘是家喻户晓、妇孺皆知的著名历史人物。他俗姓陈，是河南洛州缑氏县（今河南省偃师市南境）人。少年时期的玄奘由于家境贫困，跟随他的二兄长捷法师住在洛阳净寺学习佛经，13 岁那年出家正式当了和尚。以后，他曾经云游于成都、荆州、赵州、扬州、长安之间，学习佛法、遍访名师，很快就掌握了佛教各家的学说，受到了大众的称赞，并且在京师长安享有很高的声誉。但是，玄奘对于这种现状并不满足，他觉得当时流行的各家学说在某些理论问题方面有相互矛盾的地方，就很希望能找到核实的办法。于是他决心前往印度求法，到佛教的发源地去探寻真理。

唐太宗贞观三年（629 年），玄奘从长安出发，开始了艰难的西行求法旅程。他沿着丝绸之路向西行走，出玉门关，冒险经过了莫贺延沙碛，到达伊吾（今新疆哈密市）。然后又沿着塔克拉玛干大沙漠的北沿绿洲向西行走，翻越葱岭，经过中亚诸国，进入了印度境内。玄奘在印度用了十几年的时间云游各国、参拜佛祖圣迹、虚心地向各地高僧大德们学习佛法。在印度著名的那烂陀寺里，他被推为精通佛教经、律、论三藏的十德之一，受到了寺院的优遇。他曾经应印度戒日王（约590 ~ 647 年）的请求，为了折服南印度一位论师的异说，特意著成了《制恶见论》1600 颂。戒日王在曲女城专门为玄奘建立大会，命令印度各地的僧侣和其他教的信徒都来参加。到会者还有 18 个国家的国王，各国大小乘的僧侣 3000 多人，以及那烂陀寺的僧人 1000 余人，其他宗教的信徒 2000 多人。这个大会以玄奘著的《会宗论》《制恶见论》的论点作为标准，鼓励大家都来提问、驳斥。直到 18 天的大会结束之时，没有一人能提出异议。于是玄奘得到了大小乘佛教徒的一致推崇，被人们尊称为"大乘天"和"解脱天"。

学业大成的玄奘，辞别了戒日王，携带着几百部梵本佛经和各种佛像，启程东归了。唐太宗贞观十九年（645 年），玄奘经过塔克拉玛干沙漠南沿绿洲回到长

图 205 陕西长安兴教寺玄奘与窥基、圆测三塔（20世纪 20 年代拍摄，采自《中国文化史迹》）

安，受到了长安官民十万多人的热烈欢迎。李世民十分赞赏玄奘的惊人毅力，给他组织了规模完备的译场，由朝廷供给一切所需。在 19 年的时间里，他翻译出了佛教经典 75 部，总计 1335 卷。他将西行求法沿途见闻，撰成了著名的《大唐西域记》。唐高宗麟德元年（664 年）二月五日，玄奘圆寂了，他的传奇经历后来被人们广为演绎，不断加入神话色彩，最后被明代小说家吴承恩（约 1500～1583年）作为背景材料，创作出了中国古典名著《西游记》。

唐高宗总章二年（669 年），弟子们为玄奘法师在兴教寺内修建了一座墓塔，安葬了他的遗骨。到了唐文宗大和二年（828 年），这座塔又经过了重修，就成为了我们现在能看到的西安南郊长安区兴教寺内的玄奘塔（图 205）。玄奘的墓塔是全部用砖砌筑成的，总高度在 21 米，四方形的平面，五层楼阁的形式，各层向上都有收分，显得十分稳固。在塔身的下部有一层低矮的台基，第一层塔身的南面开门，内部的方室中供奉着玄奘法师像，以上的各层都是实心体，因此不能登上。在每层塔身的表面都做着四开间立柱，以及柱头枋等仿木结构的建筑部件，每层塔檐都是用菱角牙子和叠涩的方式挑出。它是唐代砖砌仿木构楼阁式塔的代表作品。

相传，宋代的僧人可政，从陕西迎请了玄奘法师的头顶骨，供奉在了南京天禧寺内。到了明朝，头顶骨又被迁入大报恩寺供养。1942 年底，在南京中华门外的大报恩寺三藏殿遗址内，发现了玄奘法师的头顶骨，其中一部分被日本侵略军掠走，剩下的顶骨由善男信女们于 1944 年在太平门西侧的覆舟山上修建了一座宝塔，重新葬入塔内。这座新的三藏塔就是大体仿照着兴教寺的玄奘塔建成的。

　　在长安兴教寺玄奘塔的两旁，还建着两座高约 7 米的墓塔，都是方形平面的三层楼阁式砖塔，和玄奘塔形成了"品"字形的布局（图 205）。二塔的第一层正面都开着塔门，在第二层正面分别镶嵌着"基师塔"和"测师塔"的塔铭。这是玄奘的两位大弟子窥基和圆测的墓塔。

　　窥基（632～682 年），俗姓尉迟，长安人氏。他自幼生长在以武功受封的贵族家庭里。645 年，玄奘从印度西行归来，在从事翻译佛经事业的时候，也很注意物色、培养能够传法的人才。一天，玄奘偶然间在路上遇见窥基，即被他的仪表与举止所吸引，就亲自去和他的父亲商量，打算度他为弟子，并得到了窥基父亲的允许。唐高宗永徽五年（654 年），朝廷下令度窥基为大和尚，应选学习印度的语文。第二年，年仅 24 岁的窥基就开始参与玄奘的译经事业，直到玄奘圆寂为止。以后，窥基回到大慈恩寺专门从事撰述。他的著作共有 43 种，其中的 31 种我们现在还能见到。在玄奘圆寂以后，当时的佛教界都认为窥基是玄奘的继承者，有的人在讲解佛经时专门用他的学说作为依据，受到了国内外僧侣的景仰。唐高宗永淳元年（682 年）十一月十三日，窥基在慈恩寺的翻经院圆寂，十二月四日葬在了玄奘墓旁。

　　圆测（613～696 年）原来是新罗国的王孙，三岁出家，唐朝初年来到中国，受戒以后住在长安的玄法寺。在玄奘回到长安以前，圆测的佛学功底已经相当深厚了。645 年玄奘回长安后，他就开始跟随玄奘学习佛法，在玄奘门下可以同窥基并驾齐驱。玄奘圆寂以后，他就在长安西明寺弘传玄奘的唯识教义。武周万岁通天元年（696 年）七月二十二日，圆测在东都洛阳的佛授记寺圆寂了，弟子们在龙门香山寺的北谷起塔安葬了

图 206　陕西长安香积寺善导塔（20 世纪 20 年代拍摄，采自《中国文化史迹》）

他的遗骨。他的弟子西明寺主慈善和大荐福寺的胜庄等人分得了一部分遗骨，葬在了终南山的丰德寺东岭上，这里是他曾经游历过的地方。到了北宋徽宗政和五年（1115年），同州（今陕西大荔县）龙兴寺仁王院的广越和尚又从丰德寺分了一部分遗骨，葬在了兴教寺玄奘法师的墓塔旁。

玄奘师徒的墓塔无疑饱含着传奇色彩。在中国的大地上，唐代高僧的墓塔（或纪念塔）还有几例，其中也不乏佛教史上的著名人物。善导（613～681年）是唐代佛教净土宗的创始人，还被日本的净土宗尊奉为"高祖"。唐高宗李治与皇后武则天在洛阳龙门石窟兴造大卢舍那像龛的时候，善导是监督造像工程的主要人物。唐高宗永隆二年（681年）三月十四日，善导在长安圆寂以后，他的弟子怀浑等人把他的遗骸葬在了终南山麓的神禾原，并且建寺立塔作为纪念。这就是今天的陕西省长安香积寺与崇灵塔（图206）。崇灵塔是为了纪念善导而修建的，所以又被人们称作"善导塔"，它完成于唐中宗神龙二年（706年）。崇灵塔的高度在33米左右，是一座平面呈正方形的十一层密檐式塔，各层檐间的距离比较大，向上收分较大，塔顶部分已经残损了。在崇灵塔的南面，还有两座小塔，相传是善导弟子的墓塔。

再给大家介绍几个在中国古代建筑史上著名的唐代高僧墓塔。河南省登封市会善寺山门西侧的净藏禅师墓塔，净藏禅师是于唐玄宗天宝五年（746年）在会善寺圆寂的，他的墓塔通高有9米多，是一座极为难得的唐代八角形平面的亭阁式砖塔（图207）。塔身的下部有高大的台基和低矮的须弥座，塔身的表面做出了仿木结构的立柱、斗栱与门窗，上部有叠涩塔檐，塔顶部分砌有覆钵丘与火焰宝珠等，构成了该塔的塔刹。

山西省五台山佛光寺西北山坡的塔坪内，有一座解脱禅师的墓塔，建成于唐穆宗长庆四年（824年）。这座塔的平面呈四方形，通高在10米左右，下部是一个用片石砌成的方形台座，在方柱形塔身的上方挑出了叠涩塔檐，塔身檐的上部又做出两级重叠的方台，方台的表面用砖做出了巨大的两重仰莲花瓣，最上方是一个小型的单层亭阁式塔作为塔刹。在佛光寺大殿后山上的志远和尚墓塔，建于唐武宗会昌四年（844年），是一座形制特异的唐代砖砌高僧墓塔。它的高度只有4～5米，下面是一个平面八角形的须弥座，座上是圆形的覆钵形塔身，覆钵丘的四

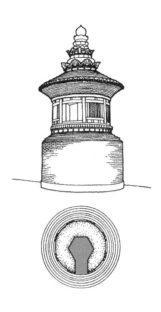

图 207 河南登封会善寺净藏禅师塔（20 世纪 80
年代拍摄）

图 208 山西运城报国寺泛舟禅师塔平面与立体示
意图

图 209 山西平顺海慧院明惠大师塔（20 世纪 80
年代拍摄）

图 210 山西平顺海慧院明惠大师塔立面图

面各开着一个圆拱形的假门。塔身的上部是较大的塔刹，刹座是一个扁平形的须弥座，刹顶部分已经被毁坏了。它是一座唐代罕见的覆钵式塔实例。

山西运城报国寺的泛舟禅师墓塔建成于唐穆宗长庆二年（822年），通高在10米左右，是一座平面圆形的亭阁式砖塔。塔下是一个圆形的台基，台基上建低矮的须弥座，圆形塔身的表面做出了仿木构的门、窗、柱等，在南面开着塔门，里面是平面六角形的塔心室，上部有藻井。塔身上部的叠涩塔檐较大，很像一个大型的伞盖，塔檐之上是由双层仰莲瓣、覆钵丘、宝珠等组成的塔刹（图208）。泛舟禅师墓塔是一座唐代罕见的圆形亭阁式塔实物。山西平顺海慧院的明惠大师塔建于唐僖宗乾符四年（877年），是一座精美的单层方形亭阁式石塔，高有3米多，下部是方形基座与束腰须弥座，塔身的上部是四注攒尖式塔檐，由四层刻有蕉叶及仰覆莲瓣的刹石与宝瓶组成了塔刹，整体比例和谐，表面的雕饰繁简适度（图209、210）。

见性成佛的指路明灯

相传，有一次释迦牟尼正在灵山会上向众弟子们宣讲大法，忽然他手里拈着一朵花让弟子们观看。众人思前想后，仍是不理解佛祖的意思，只好默不作声，只有大弟子迦叶破颜微笑了。释迦明白迦叶已经心领神会了，于是就向大家宣布说："我有一套微妙的法门，不必用文字来记载，只是教外的别传，今天就嘱咐给迦叶。"并且让阿难帮助迦叶代代传下去，千万不能让它断绝了。迦叶得到了真正的"我心即佛"大法，以后在古代印度延续了28代，其中的夜奢和摩奴罗是同一时代继承禅法的两位罗汉，所以共计应该有29位传法罗汉。

第29位罗汉是菩提达摩，后来泛舟渡海来到中国，在北魏国的嵩山少林寺后面的五乳峰石洞中面壁九年，最后使少林寺的僧众全部成了他的门徒。在少林寺，达摩开创了中国佛教禅宗，少林寺也就成了禅宗的祖庭。在中国的禅宗世系里，达摩是初祖，慧可是二祖，六祖是慧能。在慧能以前，这个宗派的法门都是单传的，从慧能开始广收门徒，才使禅宗的势力不断地扩大，终于成为了中国中古时期的第一大佛教宗派。

慧能（638～713年）俗姓卢，出生于新州（今广东省新兴县），他幼年丧父，家境贫困，靠卖柴来养活母亲。有一天，他在市中听到客店里有人诵读《金刚经》，颇有领会，这个客人告诉他是从黄梅东冯茂山的弘忍禅师（602～675年）那里得到这部经典。672年，慧能来到黄梅的东禅寺拜访禅宗的五祖弘忍，弘忍命他到碓坊劳动。八个月后，在一次和大弟子神秀（606～706年）的对诗中，弘忍发现这个不识字的俗人悟性极高，已经完全悟出了禅宗大法的真谛，就秘密地将达摩祖师的衣钵传给了他。

慧能隐居了15年后，开始在广东法性寺剃发出家，广收门徒，传授禅法。在慧能的嗣法弟子中，分出了南岳怀让（677～744年）和青原行思（671～740年）两支法系，到唐朝末年特别繁荣。在唐末与五代期间，南岳一系分出沩仰、临济二宗，青原一系分出曹洞、云门、法眼三宗。到了北宋初年，从临济宗中又分出了黄龙、扬岐二派，他们合称为中国禅宗的五家七宗。

禅宗到了唐代以后，在中国佛教界越来越发挥着举足轻重的作用。这个宗派主张：所有的众生都是具有佛性的，关键是要看他能否觉悟。以前的佛教徒们只是关心着向自身以外求佛的传统教义，包括崇拜寺院里的偶像，沉溺于背诵佛经，着意于身体力行的苦修，这些都是不合适的。众生们应该把解脱轮回苦难的希望转移到自我内心的调节上来，甚至可以不去读经，不去拜佛，不必确立什么经典文字，只要能觉悟到自己内心原本具有的佛性，就可以"即心是佛""见性成佛"了。这是释迦牟尼在大教之外单传下的法门，所以有着与众不同的特点，而继承禅宗各宗派的祖师们，就是引导人们认识自我佛性的指路明灯。传承禅宗各派大法的高僧为数极多，在他们当年圆寂以后，都修建了墓塔来安奉他们的遗骨，以供后人瞻仰。但时至今日，保存下来的禅宗高僧墓塔却并不多见，下面，我们就向大家介绍几处。

慧可（487～593年）是禅宗的二祖，他俗姓姬，是虎牢人（今河南荥阳市）。他跟随达摩祖师学习了6年之后，主要在东魏、北齐的邺都一带传播禅学思想。在今天邯郸市的成安县有一处二祖庙遗址，庙址内原来有一座二祖塔，相传就是禅宗二祖慧可的墓塔，不幸已经在"文化大革命"时期被毁坏了。不过，二祖塔的塔基遗址还保存完好，相信在不久的将来定会有较重大的发现。

弘忍是禅宗的五祖，俗姓周，蕲州黄梅（今湖北黄梅县）人。他7岁出家，后来到黄梅的东山寺修行。在黄石市黄梅县的东山上有一座五祖寺，就是五祖弘忍修行的东山寺。东山的顶峰叫白莲峰，那里有一座石塔，名叫大满禅师塔，是弘忍法师的弟子为纪念他而建造的。"大满"是唐代宗李豫于大历三年（768年）追赐五祖弘忍大师的谥号。宋代僧人释正觉（1091～1157年）曾经瞻礼此塔，并赋《礼五祖大满禅师塔》诗一首："黄梅果熟，白藕花开。问唯佛性，种异凡胎。衣传南岭人将去，松老西山我再来。两借皮囊成底事，一壶风月湛无埃。"但如今的塔为藏式覆钵塔样式，通高约4米，大有明清时代的风格。相传在民国初年以前，五祖寺的真身殿中有一座法雨塔，是供奉五祖弘忍真身的墓塔。

唐玄宗先天二年（713年），六祖慧能圆寂于新兴县国恩寺，他的真身以及传法的衣钵于第二年迁到了广东曲江的曹溪南华禅寺。广州光孝寺，就是当年慧能剃度所在的法性寺，寺里立着一座六祖发塔，高7.8米，为八角形平面的七层仿木构楼阁式塔，是用石块和灰砂砖砌筑成的，在每层每面都开小龛供奉佛像（图211）。相传，慧能就是在立塔的地方落发的，后来寺僧们为了供养他的头发，特意在此修建了一座宝塔。不过，现存的六祖发塔造型却呈现着明清时代的风格，很可能是后代的寺僧们在原塔毁坏以后重新修建成的。

神会（约684～760年）是佛教界公认的禅宗第七祖，俗姓方，襄阳人。他是六祖慧能晚年的传法弟子，在慧能圆寂之后，经过他在唐朝东都洛阳等地的努力，才使慧能的禅宗南宗取得了独尊天下的地

图 211 广东广州光孝寺六祖发塔

图 212　河南洛阳龙门神会墓出土的唐代长柄焚香铜炉（洛阳博物馆藏）

位，他的法统被称为荷泽宗。唐肃宗上元元年（760 年），神会圆寂于洛阳荷泽寺，弟子们在城南龙门山的宝应寺内为他立塔安葬。神会的墓塔早已不存在，但墓塔遗址在 1983 年 12 月被考古工作者发掘出来，出土了大量的珍贵文物，在佛教考古的研究上具有极其重要的价值（图 212）。

　　禅宗南岳一系的高僧怀让、希迁的纪念塔，位于湖南省衡山县的南岳衡山之中。在 20 世纪初期日本学者常盘大定和关野贞编写的《中国佛教史迹》巨著中，我们可以找到它们的照片。"南岳怀让禅师最胜轮塔"是一座经幢式的石刻塔，具有八角形的平面（图 213）。塔的下部有束腰须弥座，在束腰处刻着壸门，壸门内有伎乐人物。在八角柱状的塔身上下分别有一个仰莲台和覆莲台，塔刹只是一个高覆钵状的宝珠。怀让是金州安康（今陕西省汉阴县）人，少年出家，后来前往广东曹溪寺拜谒慧能，问答十分相契，以后就侍奉在慧能的左右达 15 年。当他得到了慧能的法印之后，就前往南岳，住在般若寺的观音台，传播禅宗大法 30 多年。他的入室弟子有 6 人，经过他们的弘扬，迎来了禅宗的昌盛时代。"南岳石头希迁禅师见相塔"也是经幢式的石刻塔，大体造型与怀让塔相同。希迁（700～790 年）

图 213 湖南衡山南岳怀让禅师最胜轮塔（20 世纪 20 年代拍摄，采自《中国文化史迹》）

图 214 河北正定临济寺澄灵塔

是端州高要（今广东省高要）人，他最初投在慧能门下。慧能圆寂之后，希迁遵照慧能的遗命去投靠青原行思学习禅法，当他得法以后，就来到了南岳的南寺，在寺东的一块大头上结庵修行，被当时人称为"石头和尚"。他的著作有《参同契》和《草庵歌》，传法的弟子有 21 人。希迁的真身原来一直存放在南岳寺院里，20 世纪中叶以后不知去向。南岳衡山的这两座禅宗高僧纪念塔，是我们研究禅宗南岳一系历史的好材料。

河北正定的临济寺，是中国佛教

禅宗五家之一临济宗的发源地。临济寺里有一座澄灵塔，总高 33 米，是八角形平面的九层密檐式砖塔，建成于金世宗大定年间（1161～1189 年），是典型的辽金密檐式砖塔的形制（图 214）。全塔的表面具有富丽的雕饰，是辽金密檐式高僧墓塔中的佳作，它就是临济宗的创始人高僧义玄的衣钵塔。义玄（？～约 867 年）是慧能的第六代弟子，俗姓邢，曹州南华县（今山东荷泽市西北李庄集）人。唐宣宗大中八年（854 年），义玄在镇州（今河北正定县）建立了临济院，广接门徒，门风盛于当时的佛教界。到了 12 世纪末，日本僧人将临济宗的佛法传到了日本，如今的日本临济宗信徒把临济寺作为他们宗派发祥的"祖庭"。唐懿宗咸通八年（867 年）四月十日，义玄圆寂了，他的弟子在临济寺中为他建立了一座衣钵塔。后来旧塔逐渐残破了，才由金代临济宗信徒予以重建。

　　禅宗历代高僧们的墓塔当然绝不仅仅只有这几座。同样，中国佛教其他宗派高僧们的墓塔也能够排出自己的序列，这方面的材料还需要我们的文物工作者去发掘、整理、研究，将资料奉献给广大读者。

俗世间的出世者

　　五代以后，为数众多的中国高僧墓塔完好无损地保留到了今天。令人遗憾的是，名垂史册的大德遗迹却发现较少。但从佛教建筑艺术的角度来看，还是异彩纷呈、蔚为大观的。众多墓塔下的高僧们虽然很少在古代的佛教历史书中留下他们的踪迹，我们却无法轻易地否认他们在佛教历史长河中放射出的光彩。

　　在北京房山云居寺内，立着一座辽道宗大安九年（1093 年）建立的静琬法师墓塔，塔内还有一块《琬公法师塔铭》。静琬（？～639 年）是隋唐之际幽州（今北京市）智泉寺的和尚，在隋炀帝的大业（605～618 年）初年，他为了预防佛法毁灭以后佛教经典的失传，发愿造一部石刻的《大藏经》，封藏起来，以供后人研习佛法之用。于是就在房山云居寺旁的石经山上开凿石窟，磨光四壁镌刻佛经。同时还另外用一块块石板镌刻，藏在石窟里。当一所石窟藏满了石刻佛经之后，就用石头堵住窟门，然后再用铁汁把门封锢起来。到了唐太宗贞观五年（631 年），

图 215 北京房山云居寺静琬法师墓塔（20 世纪 20 年代拍摄，采自《中国文化史迹》）

图 216 山西五台山佛光寺杲公禅师塔

一部《大涅槃经》终于刻成了，从此便开创了房山云居寺刻经的先河。经过唐、辽、金、明各代佛教信众的相继增刻，造就了中国现存最为丰富的一处石刻佛经宝库。现存的静琬法师塔无疑是辽代的佛教信徒们为了重新供奉他的遗骨而建造的。它是一座八角形平面的三层密檐式石塔，下部有两层须弥座，第一层塔身较高，使整座塔的形状很像一座石经幢。在每层塔檐的上部都刻出了瓦垄，是仿照木构建筑的形式。塔顶的塔刹是由圆形仰莲台承托着覆钵体、平头、多重相轮、宝珠组成的，是一座小型覆钵式塔的形制（图 215）。

在五台山佛光寺西北塔坪上，有一座金章宗泰和五年（1205 年）修建的杲公禅师墓塔，通高在 5 米左右（图 216）。它是单层亭阁式砖制花塔，在一个较高的须弥座上承托着八角形平面的塔身，塔身上用砖刻的斗栱承托着叠涩塔檐，再上是五层八瓣的巨大仰莲瓣组成的花束，大约占去了全塔的三分之一高度。刹顶原来可能有一个砖制的宝珠，现已不存在了。

在北京市西四南面，斜对着西安门的大街上，有一座通高 10 米多的八角形平面九层密檐式砖塔，名叫万松老人塔（图 217）。这位万松老人是金、元之际的和尚，自称万松野老（1166～1246 年）。他俗姓蔡，法号行秀，15 岁在荆州出家，受戒后云游天下，寻师访友，参禅问道。他精通佛理，又擅长机辩，很有智慧，使朝野人士均对他钦佩与尊敬。金章宗完颜璟（1189～1208 年在位）曾召见他，向他询问佛理，并赐给他锦绮僧衣一件。元朝初年的名相耶律楚材（1190～1244 年）曾经慕名造访他，向他请教治国之道。万松野老以"以儒治国，以佛治心"答复他，深得耶律楚材称道，认为是至理名言，并且拜他为师。以后，耶律楚材每当遇到疑难问题，经常向他讨教。由于耶律楚材在元朝的 30 多年政绩，他的老师也就自然地受到了人们的尊重。他圆寂后，弟子们于大都城内建塔，供奉他的遗骨，就是这座万松老人塔。该塔是辽、金时期的密檐式塔形制，造型简洁明了，没有那些复杂的仿木结构装饰。它虽然经过了后代的多次重修，但仍然原形未改，保存了元代初年的风格。

在北京西郊的八宝山下，有一座元惠宗至正二十六年（1366 年）二月建立的澄慧国师墓塔。澄慧国师是崇国寺的第一代祖师，他的墓塔为八角形平面的

图 217 北京西四万松老人塔

图 218 云南海通普光寺畔富塔

七层密檐式砖塔，也属于辽、金密檐式砖塔一类。在第一层塔身的八角处还各装饰着一座五层密檐式塔，塔身的各层都有华丽的仿木结构装饰，各层的塔身和塔檐都向内凹入，使身材修长的塔体更显得秀丽多姿。

云南通海普光寺的畔富塔，高约 6 米，是元代用砖石叠砌而成的方形八层密檐式塔，这在当时来讲是极为独特的形制，它是当地人民为了纪念神僧李畔富而建的纪念塔（图 218）。李畔富是宋代兴州（今云南玉溪）人，后来到通海秀山的普光寺出家为僧，曾经为当地人民解决了湖水浸漫田地的灾害，立下了不朽的功勋。据塔上铭文可知，该塔是元朝的铁牛禅师为纪念畔富所建。铁牛和尚也为宋代高僧，他的一生在通海传播佛学，广收弟子，兴建寺庙。铁牛在秀山圆寂后，后人为纪念他也建一座塔，形制类似于畔富塔。

江苏镇江的鼎石山上，有一座僧伽塔，原来是宋代的建筑，并不在此地，明朝崇祯年间（1628～1644 年）被迁建到了这里，呈现着明塔的特点。它的外观为八角形七层楼阁式，每层塔檐挑出较短。广东惠州的泗洲塔，始建于唐代末年，现存的塔是明朝万历四十六年（1618 年）重新建造的（图 219）。泗洲塔高 40 米左右，是一座八角形平面的七层楼阁式砖塔，每层塔檐都有精细制作成的菱角牙子和叠涩，在塔身的下部都有平座。泗州大圣僧伽我们在前面已经提到过，泗州即今天的江苏盱眙县西北的淮水西岸，清康熙十九年（1680 年），泗州城陷入了洪泽湖中。僧伽是唐代高僧，自言是中亚何国（今乌兹别克斯坦的撒马尔罕西北）人，所以就以何为姓。唐中宗李显（656～710 年）曾尊奉他为国师。僧伽曾经在泗州建寺弘法，并且被人们相传为观世音菩萨的化身，这两座塔就是后人为了纪念他而修建的。宋太宗赵光义（976～997 年在位）加封他"大圣"谥号，因此后人尊称他为"大圣菩萨"或"泗州大圣"。

山东历城神通寺的塔林内，有两座形制相同的阙形石塔，对称分立着，如同中国古代传统的门阙一般。它们是曾任神通寺住持的成公无为大师的墓塔，建成于明朝嘉靖五年（1526 年）。石塔的平面为正方形，下部有须弥座，在方柱状的塔身上部覆盖着三重石刻屋檐，没有塔刹，塔身上也没有任何佛教特有的装饰物。这是中国传统建筑直接用于佛教的典型之例。

山西五台山圆照寺的金刚宝座塔（图 220），是由一大四小共五个覆钵式塔组

图 219　广东惠州泗洲塔

合而成的，建于明朝宣德九年（1434 年）。在明朝永乐（1403～1424 年）初年，印度高僧宝利沙来到中国，明成祖朱棣封他为国师，并赐给他金印和旌旗。后来宝利沙住进了五台山的显通寺，在宣德年间（1426～1435 年）坐化了。这座金刚宝座塔就是供奉宝利沙的舍利塔，通高 11.4 米，五塔的下部是一个方形台座，正中一塔的下部有"亚"字形平面的须弥座，座上是上大下小的圆形覆钵体，覆钵之上是"亚"字形平面的平头与十一重相轮、华盖及仰月宝珠等组成的塔刹，带有元朝覆钵式塔向明朝过渡的特点。大塔四隅的小塔高仅 2.4 米，下面的须弥座为正方形。用金刚宝座式塔作为高僧的墓塔，比较少见。

　　北京潭柘寺毗卢阁东侧有一座延寿塔，相传是明朝的越靖王延墉建造的，它很可能也是高僧的墓塔。它是典型的明清样式的覆钵式塔，刹顶的宝盖和仰月、宝珠都是铜鎏金的。福建泉州开元寺的一座小型石造墓塔，是由覆钵式和亭阁式塔相组

图 220 山西五台山圆照寺宝利沙塔（20 世纪 80 年代拍摄）

合发展而成的。这座小巧玲珑的石塔由下部的八角形须弥座、圆形束腰仰覆莲台、近似于圆球形的塔身、八角形平面的塔檐和五重相轮组成，在球形塔身的正面还开龛造像，属于明清时期的作品。这种球形塔在福建南部和广东东部一带发现较多。

安徽省青阳县的九华山，是地藏菩萨的道场。在初盛唐之际，新罗国（今韩国境内）王的近宗金乔觉（696～794 年）来到九华山，在山上的华城寺传戒授徒，在唐德宗贞元十年（794 年）99 岁那年圆寂了。相传他的遗体颜面如生，信徒们都相信他就是地藏菩萨的化身，于是就建立宝塔纪念。明朝的万历皇帝给这座宝塔赐名为"护国肉身宝塔"。现存的宝塔和护殿都是在清朝同治年间（1862～1878 年）重建的，肉身宝塔立于殿中，是一座七层木构的八角形平面楼阁式塔，高约 17 米，每层都有八所佛龛，塔内供奉着地藏菩萨的金身坐像，塔两侧有地狱十王立像拱侍着。这座塔和所在的肉身殿是九华山最高级别的建筑物。

辽宁省鞍山市的千山，是东北著名的佛教圣地。龙泉寺的"悟公塔院"中有一座"真和尚塔"，是清代悟彻大师的墓塔，建于清朝康熙二十年（1681 年）。它的高度在 10 米左右，是一座六角形平面的九层密檐式砖塔。从外部的造型看，和辽、金时代的密檐式塔有一定的相似之处，从它的身上，我们可以看到辽金的密檐式塔延续到清代的发展情况。

杨文会居士（1837～1911 年），号仁山，是中国近代佛教界的著名人物。他是安徽石埭县人。同治三年（1864 年），他因病专心研究了相传为中天竺国的与迦腻色迦王同时代的马鸣菩萨所造的《大乘起信论》等佛学著作，开始对钻研佛经产生了浓厚的兴趣。同治五年，杨文会到南京的工程界工作，经常与一些深通佛学的同仁进行讨论，他们认为当时的佛经刻版大部分已经毁灭了，应该将刻佛经的事业恢复起来。于是他们就设立了"金陵刻经处"，募款重刻方册佛经，杨文会自任佛经的校勘。以后，杨文会还研究佛教造像，一边请画家画出图像，一边搜集古代的名画佛像，一并刻版印刷流通。他弘扬佛教凡40年，以刻经和讲学并重，为中国近代培养了一批僧俗佛学人才，戊戌六君子之一的谭嗣同（1865～1898年）也曾经受到过他的指导。他还编写了一部《大藏辑要》目录，收录了佛教各家著述460种，3300多卷，并且计划将这些佛书全部刻出，不但能丰富佛教大藏的内容，还能启发学者们的研究。

宣统三年（1911年）八月十七日，杨文会去世了，遵照他"不愿和一生所刻的佛经版分离"的遗嘱，金陵刻经处的同仁们把他的遗体葬在了刻经处院内，还在1918年修建了一座纪念塔。他的刻经事业今天还在继续发展着。杨文会的墓塔造型是石刻清式覆钵式塔，通高8.88米。塔的下部有六角形平面的仰覆莲束腰须

图 221 江苏南京金陵刻经处的杨文会居士墓塔与杨文会

图 222　台湾台南市开元寺圆光三塔

弥座，在束腰处刻有壶门。高覆钵形塔身下部有叠涩的六边形台，在塔身的正面开着尖拱形塔门，门内正壁刻篆书"杨仁山居士之塔"。塔身上部有圆形仰莲台，承托着七重相轮和伞盖、火焰宝珠，构成塔刹（图 221）。杨文会居士是中国近代在家佛教信徒的典范，他把自己的一生无私地奉献给了佛教文化事业，他的精神至今仍然激励着南京金陵刻印经处的同仁们。

民国以后的高僧墓塔为数不少，在这里，我们想特意介绍一处位于祖国宝岛台湾的僧塔。开元寺，坐落在台南市北区北园街，是台湾著名的佛教古刹，它原是明朝末年的延平郡王郑成功（1624～1662 年）嗣子郑经（1642～1681 年）为奉养其母董氏所建的"北园别馆"，创建于明朝永历十六年（1662 年），清朝康熙二十八年（1689 年）改建为佛寺。在开元寺的后园耸立着"圆光三塔"，建造于1931 年。三塔的下面有统一的高台座，都是平面六角形的楼阁式塔，其中中塔为五层，旁边二塔为三层（图 222）。圆光三塔原来是安葬寺院僧人骸骨的地方，今天已经成为台南开元寺的象征物了。

当活佛转世以后

喇嘛是上人、师长的意思，是信徒们对西藏僧侣的尊称。因为藏族地区的佛教是全民化的，喇嘛们又是藏传佛教区域里最有学问的阶层，因此那里的人们非常尊崇上层喇嘛，从生产到日常生活都要接受他们的指导，并且用大量的财物和劳役为寺庙服务。当喇嘛们圆寂之后，为他们建造的灵塔就自然地成为信徒们崇拜的圣物了。活佛是喇嘛阶层中的代表人物，为他们建造的灵塔更是寺院中的镇寺之宝。由于篇幅所限，下面只向大家介绍一下藏传佛教最大的宗派 —— 格鲁派活佛的灵塔。

宗喀巴和他的尊师

后弘期的藏传佛教发展到了元末明初之际，由于元朝政府给予他们的诸多特权，很多僧侣的戒律普遍松弛。当时除了少数高僧大德之外，僧侣们几乎都不知道什么叫作戒律，根本不了解佛教的一些基本理论中所包含的解脱现世苦难与成就佛道的道理，也不懂得应该如何去亲近师长。如果听任这种现象发展下去，毫无疑问会把藏传佛教引向灭亡的境地。在历史的召唤下，一位杰出的人物登场了，他就是当时以卓绝的见解来整顿与弘扬佛教的宗喀巴大师。

宗喀巴（1357～1419年）的原名叫善慧称吉祥，出生在青海宗喀地区（即今青海湟中塔尔寺）。宗喀巴是后人对他的尊称，意思就是宗喀地方的人。他3岁时受了近事戒，就在这一年，化隆夏琼寺的名喇嘛东珠仁钦，给他父亲施舍了好多马羊等财物，请求把这个小孩送给他。此后直到入藏之前，宗喀巴一直跟随东珠仁钦大师在夏琼寺学习佛教经典，并且受了密教的灌顶，他的密号叫"不空金刚"。

为了进一步深造，16岁的宗喀巴辞别了东珠仁钦大师，前往西藏遍访名师学习佛法。当他的见行圆满之后，就开始创建宗派、广收门徒了。为了整治当时藏传佛教戒行废弛的流弊，宗喀巴坚决主张必须实行严格的戒律，来约束僧侣们不许娶妻，禁止饮酒，杜绝杀生现象，还建立了一整套严密的寺院组织体系和制度。这样一来，终于使藏传佛教再度振兴了。为了使这套制度形成一个世代奉行的传统，宗喀巴学着古代的两位奉行戒律的大喇嘛经常头戴黄帽的样子，也戴起了同

样的尖顶黄帽。以后，宗喀巴的弟子
们也效仿他戴黄帽，这就是至今西藏
喇嘛喜欢戴黄帽的来历，宗喀巴创立
的这一教派即为格鲁派。

宗喀巴幼年出家学习的地方夏琼
寺（夏琼，藏语意为"鹏鸟"），是在
1349 年由东珠仁钦大师主持建造的。
1385 年，东珠仁钦大师圆寂了，享年
77 岁，就在当年，弟子们为他建起
了一座灵塔，供奉他的遗骨。据说，
这座灵塔每年都要流出甘露。1523
年，第三世达赖喇嘛索南嘉措（1543
～1588 年）用鎏金铜皮包起了灵塔。
到了 1946 年，由于原塔年久失修，
由甘肃夏河拉卜楞寺的喇嘛重新用鎏

图 223　青海化隆夏琼寺东珠仁钦灵塔（20 世纪
90 年代拍摄）

金铜皮包裹了灵塔。1966 年，东珠仁钦大师的灵塔被毁坏，两位佛教徒收藏了大
部分遗骨。1981 年，夏琼寺的喇嘛们用柏木雕造了灵塔，重新供奉了东珠仁钦大
师的遗骨，据说这座木塔当即就流出了甘露。1994 年，夏琼寺的主持喇嘛夏日东
上师（1919～2001 年）在佛教信众的资助之下，圆满地建成了 6 米多高的纯银塔，
用来供养东珠仁钦大师的遗骨（图 223）。这座新塔基本上是清式覆钵式塔的样式，
下部有方形束腰须弥座，在覆钵体的正面开着眼光门，门内供奉着东珠仁钦大师
像，塔身上部是由多重相轮、伞盖、仰月、宝珠等组成的塔刹。在塔身的表面有镶
金花纹，并且到处都镶嵌着宝石，闪耀着夺目的光彩。

西藏拉萨的甘丹寺，是由宗喀巴大师亲自主持建造的格鲁派第一寺。1410 年
2 月 5 日，宗喀巴大师被迎请到该寺主持了盛大的开光仪式，从此这里就成为他
举行宗教活动的中心地。1419 年 10 月 25 日，63 岁的宗喀巴圆寂了，弟子们为他
建造了金塔，供奉他的肉身遗骸。1912 年，第十三世达赖喇嘛土登嘉措（1876～
1933 年）修葺了金塔，使塔身变得金碧辉煌，十分华美。在宗喀巴的灵塔一侧，

图 224 青海湟中塔尔寺大银塔（20 世纪 90 年代拍摄）

还有他的大弟子嘉曹杰（1364～1432年）的银质灵塔。如今在寺内的灵塔殿内供奉的宗喀巴大师灵塔，是于1981年重新建成的。

青海湟中的塔尔寺，是藏传佛教格鲁派的大寺，建于明朝嘉靖三十九年（1560年）。相传，当年宗喀巴在这里出生时，他的母亲将胞衣埋在现在大金瓦寺正中大银塔的位置，后来又在这里建了一座小塔。塔尔寺就是因为这座塔而命名、建立起来的。后代的佛教僧侣们又在这个小塔的基础上建起了一座大银塔，用来纪念格鲁派的创始人宗喀巴大师（图224）。这个大银塔也是清式的覆钵塔形，高有12.5米，用白银镶面、珠宝镶嵌，在眼光门里供着宗喀巴大师的塑像，塔前陈设着各种供养器具。这座大银塔在藏传佛教中占有极为重要的地位。

他们的智慧像大海

宗喀巴的传法弟子很多，最著名的有嘉曹杰（达玛仁钦）、克主杰（格雷倍桑）、妙音法王（札喜倍丹）、大慈法王（释迦智）、根敦主巴（僧成）、上慧贤、下慧贤等。由于宗喀巴禁止喇嘛娶妻，为了解决宗教首领们的继承问题，格鲁派采用了灵魂转世的说法。于是，宗喀巴的接班人后来就被称作达赖和班禅两系活佛，不断地转世相承，直至今日。

达赖，在蒙古语中就是"大海"的意思，"达赖喇嘛"就是"德智广深如海无所不纳之上师"。明朝万历六年（1578年），土默特蒙古俺答汗（1507～1582年）

尊宗喀巴的第三代弟子锁南嘉措为"圣识一切瓦齐尔达赖喇嘛"，从此便有了达赖的称号。锁南嘉措被认为是根敦嘉措（1475～1542年）的转世，而根敦嘉措又被认为是根敦主巴（1391～1474年）的转世。因此，根敦主巴与根敦嘉错就被追认为第一、二世达赖喇嘛了。清朝顺治十年（1653年），顺治皇帝正式册封五世达赖阿旺罗桑嘉措（1617～1682年）为"西天大善自在佛所领天下释教普通瓦赤喇怛喇达赖喇嘛"。从此以后，达赖就成为了被中央政府所承认的西藏政教领袖，历世达赖喇嘛转世，必须要经过中央政府的册封，才能生效。

拉萨布达拉宫的红宫修建于1690年，它是为安放五世达赖喇嘛的灵塔而建造的。从五世达赖喇嘛开始，历世达赖喇嘛圆寂以后，他们的肉身经过藏医处理，安放在灵塔内，供后人祭奠和膜拜。在红宫内，安放着五世达赖喇嘛和六至十三世达赖喇嘛的灵塔。这些灵塔的造型基本相同，但大小不一，都是由台基、覆钵和塔刹等三大部分组成的清式覆钵式塔样式，表面用金、银皮包裹，并且镶嵌着许多珍珠、宝石等，能够放射出绚丽灿烂的光芒。其中以五世和十三世达赖喇嘛的灵塔最为豪华壮观。五世达赖喇嘛的灵塔是于1690年建成的，总高度达14.85米，它的下部是一个高大的方形束腰叠涩须弥座，座上是四层叠涩方台，台上是上大下小的覆钵体，正面开着一个较大的眼光门，门内供奉着五世达赖喇嘛像。在覆钵的上部，是由方形平头、十三重相轮、伞盖等组成的细高塔刹。这座灵塔用11万余两黄金包裹着，另外还镶嵌着众多的珍珠、钻石、玛瑙等珍宝达1500余颗，真是一座名副其实的宝塔了（图225）。能与此塔媲美的是十三世达赖喇嘛土登嘉措的灵塔，高14米，完成于1936年。塔身也是用黄金包裹，

图225　西藏拉萨布达拉宫五世达赖灵塔（20世纪90年代拍摄）

图 226 西藏日喀则扎什伦布寺十世班禅灵塔（20 世纪 90 年代拍摄）

遍体镶嵌着珍珠、宝石，显得富丽堂皇。

　　班禅的"班"字，是印度梵文"班智达"（学者）的略称，"禅"是藏语"大"的意思，"班禅"就是大学者之义。清朝顺治二年（1645 年），统治卫、藏的蒙古和硕特部首领固始汗（1582～1655 年）尊宗喀巴的第四代弟子罗桑确吉坚赞（1567～1662 年）为"班禅博克多"，命令他来主持日喀则的扎什伦布寺，并且划分后藏部分地区归其管辖。"博克多"是蒙语，是对睿智英武人物的尊称。罗桑确吉坚赞就是第四世班禅，前三世是被后人追认的，宗喀巴的大弟子克主杰（1385～1438 年）就是第一世班禅。到了清朝康熙五十二年（1713 年），康熙皇帝（1662～1722 年在位）封第五世班禅罗桑益西（1663～1737 年）为"班禅额尔德尼"。"额尔德尼"是满语珍宝的意思。康熙赐给他金印和金册，从此确认了班禅在格鲁派中的地位。此后，历世班禅额尔德尼的转世，必须要经过中央政府的册封方才有效，也成为了定制。今天的班禅额尔德尼确吉杰布为第十一世。

　　位于西藏日喀则的扎什伦布寺，是 1447 年由根敦主巴创建的。以后在四世班禅罗桑确吉坚赞的主持下进行了大规模地扩建，成为历世班禅驻锡和主持宗教活动的场所。扎什伦布寺的灵塔殿，是供奉四至九世班禅灵塔的地方，它最早是为安放四世班禅灵塔而修建的。四世班禅的灵塔高约11米，在塔身表面用银皮包裹，镶嵌着各种各样的珠宝，并且有着华丽的雕饰。五至九世班禅的灵塔均被毁于"文化大革命"时期。到了20世纪80年代，在十世班禅额尔德尼确吉坚赞（1938～1989年）的亲自主持下，由中央政府拨出巨款，花了三年的时间，修建了一座五至九世班禅的合葬灵塔。1989年，十世班禅大师在扎什伦布寺主持了五位先师灵塔的开光仪式之后，便猝然圆寂了。国务院作出决定，为十世班禅大师在寺内修建金银质灵塔，并于1993年9月4日建成开光（图226）。十世班禅灵塔高11.52米，塔内的空间可以分为三层：底层收藏着珍珠、食物和药物，中层收藏着佛经和历代班禅大师的著作，上层供奉着十世班禅大师的法体和他生前用过的法器及其他生活用具。全塔的表面用金皮包裹，镶嵌着众多的宝石，共用白银275千克，黄金614千克。这三座班禅灵塔都是与达赖喇嘛灵塔相近的清式覆钵式塔

图227 北京西黄寺清净化城塔

样式，都将塔下基座平面做成了"亚"字形，覆钵下的四层叠涩台平面也是"亚"字形的，在正面做着一道象征性的登塔阶梯，这点与西藏阿里地区古老的佛塔建筑传统是相同的。

清朝乾隆四十五年（1780 年）的秋天，第六世班禅额尔德尼罗桑华丹益希（1738～1780 年）大师从西藏来到北京为乾隆皇帝祝寿，曾经在北京的西黄寺为僧侣们讲经说法，不幸于当年的十一月在北京圆寂了。第二年，他的遗骨用金龛安放送回了西藏。乾隆四十七年（1782 年），为了纪念六世班禅，特意在东、西黄寺之间建立了六世班禅大师的衣冠冢，取名"清净化城塔"（图 227）。这座塔现位于北京安定门外西北 2 千米的地方，自成一个塔院。它建在一个 3 米多高的石座上，座上建有五座石塔，正中的主塔高约 15 米，为覆钵式塔，下部是平面八角形的须弥座，座上是"亚"字形平面的高座，座上以圆形仰莲台承托着上大下小的覆钵形塔身，覆钵的侧面是直线斜向下内收的，正面刻着一所尖拱形佛龛，龛内有三世佛并坐像，龛旁围绕着覆钵体表面刻着八尊立菩萨像。覆钵上部的塔刹是由"亚"字形平面的须弥座、圆形仰莲台、多重相轮、鎏金伞盖、鎏金双层仰莲花宝珠等组成。在主塔的四隅还各建有一座经幢式的石塔，都是八角形的平面，高约 8 米多，第一层较高，表面刻着佛经经文，上面的塔檐有五层。这座塔是由覆钵式和经幢式塔组合而成的金刚宝座塔，塔身表面有着极为丰富的雕刻内容，是清代僧侣墓塔中的精品。

章嘉活佛一系，曾经作为清代的帝师而闻名于世。扎巴俄色是第一世章嘉活佛，他是青海互助县红崖子沟张家村人，生年不详，圆寂于 1641

图 228 山西五台山镇海寺第三世章嘉活佛塔（20世纪 90 年代拍摄）

年。由扎巴俄色开始的转世活佛世系称作"张家活佛"。后来，康熙皇帝以为"张家"二字不雅，遂改为"章嘉"。山西五台山镇海寺的第三世章嘉活佛业西丹毕蓉梅（1716~1786年）塔，高约9米，白身铜顶，就是仿照清净化城塔的主塔修建成的（图228）。

业西丹毕蓉梅是甘肃凉州人，从小聪慧，很快就学通了汉、满、蒙古、藏、梵多种文字，掌握了医疗、历算、元音数术、诗律宝源等知识，对佛典也有较深的造诣。他和雍正、乾隆皇帝都有密切的关系。雍正十二年（1734年），他被袭封为"灌顶普善广慈大国师"，颁赐了金册金印。乾隆七年（1742年），他奉命主持将藏文《大藏经》中的《丹珠尔》经译为蒙古文。乾隆十年（1745），他奉旨将雍亲王邸改建为雍和宫藏传佛寺。同时又监修了很多寺院，还制订了管理寺庙的规章制度，为藏传佛教的发展做出了重大贡献。乾隆四十五年（1780年），当六世班禅进京觐见乾隆皇帝时，章嘉国师担任翻译。章嘉国师从乾隆十五年（1750年）至五十一年（1786年）的36年间，差不多每年夏天都要到五台山闭关静坐，特别是在后期主要在镇海寺活动。他的弟子很多，深受信徒的尊崇。因此，当他圆寂后，乾隆下旨为其在五台山镇海寺建塔供养。

达赖、班禅、章嘉活佛的灵塔，是藏传佛教信众至高无上的崇拜物。它们既是一部格鲁派的有形发展史，也包含着历代大师们的思想与智慧。

当一种外来的文化现象在一个地方扎根繁衍之后，它就很可能被借用来为这个地方的本民族文化服务，即使被服务的对象与这种文化的内在含义毫无关系。佛教是从印度传来的文化现象，也同样经历了被中华民族文化所利用、包容再到独立的发展过程，最终与中国文化融为一体。佛塔作为佛教建筑艺术中的一项重要内容，它的建筑形式也就不可避免地被古代的中国人移作他用了，虽然有时候还借用佛教的名义。

镇守风水　美化山河

导航引渡的灯塔

长年驾船行驶在江河湖海之上的人们，最惧怕的就是遇到急流险滩，而那些屹立在江河岸边的灯塔，则可以在他们的心中燃起安全航行的希望。佛塔大都是高大而挺拔的，于是，这种佛教的高层建筑首先被人们选作别的用途的，就是作为导航引渡的灯塔标志。

杭州的六和塔，是中国著名的古塔，屹立在钱塘江畔（图 229）。它建于宋太祖开宝三年（970 年），是当时的吴越国王钱弘俶（948～978 年在位）为了镇压钱塘江潮而修建的。因为那里以前有一座六和寺，所以取名为六和塔。六和塔在最初建造时只有九层，塔身上还装着航标灯。南宋、明、清时代又多次重修，就成了今天存在的八角形平面、十三层的楼阁式塔了。六和塔通高有 59.89 米，是砖砌的塔身，木构的外檐，内部设有盘旋阶梯，可以登塔眺览。据历史文献记载：海船凡夜泊此地的，都是以这座灯塔作为指南。

在福建晋江的安平桥头，现存有一座六角形平面的五层楼阁式砖塔，高约 22

图 229　浙江杭州六和塔

米。安平桥建于南宋高宗绍兴八年（1138年），那么这座塔就只能是修建于同时期或者稍晚一些时间。在塔身的表面有仿木构的立柱、斗栱、塔檐等装饰，每层每面都开有塔门。修建这座塔的用意，除了作为桥头的装饰性建筑之外，用作指示过桥入口、引导航船安全通过的意义可能还是最主要的。

晋江的姑嫂塔，也叫"万寿宝塔"，位于石狮镇东南五里的宝盖山顶，建于南宋高宗绍兴年间（1131~1162年）。这个位置正处在泉州南面海滨的险要地带，自古就是商船抵达海岸的标志。姑嫂塔全部是用石块仿木构建成的，是一座八角形平面的五层楼阁式塔，和安平桥头塔有一些相似性。

湖南岳阳市天岳山西南有一座慈氏塔，是宋代遗物，它的建立和为了镇压洞庭湖的水妖传说有关，但真正的用意可能是用佛塔的威力来制止湖水泛滥。它是一座通高39米的八角形平面、七层楼阁式砖塔，塔体内是实心的，无法登上远眺。

四川乐山市凌云山上的灵宝塔，位于沫水、若水、岷江的合流之处，它是这个急流汇聚地的标志，也是保障航船安全的前提之一。灵宝塔为方形平面、十三层密檐式砖塔，通高40米左右，它是宋代建筑，但却保留了许多唐代密檐式佛塔的特征。

六胜塔又叫万寿塔，位于福建石狮市蚶江镇石湖村金钗山上。它地处泉州湾南畔，这里曾经是外国商船停泊的港湾，六胜塔就成了古泉州海外交通的重要航标（图230）。据有关史料记载：北宋政和年间（1111~1118年），高僧祖慧、宋什等募捐建造六胜塔于山坳。南宋景炎二年（1277年），该塔被元军毁坏。元惠宗至元二年（1336年），有一位商人航海实业家名叫凌恢甫，他为了使出入海口的船只辨认方向，就出资重建六胜塔，最终完成于1339年。六胜塔全部用花岗岩砌成，为八角形平面的五层仿木构楼阁式，高有36米，具有鲜明的元代建筑风格。

安徽省安庆市长江之滨的迎江寺振风塔，始建于明隆庆二年（1568年）。"振风"有"以振文风"之意。清康熙二年（1663年）重修，咸丰十一年（1861年），六、七层毁于炮火。其后于1871、1893年再次重修。这是一座八角形平面的七层楼阁式砖塔，高有60多米，在每层塔身的外面都有石栏环绕，塔内有盘旋而上的阶梯，可以供游人登塔眺览周围的景色。迎江寺正处在长江一个转折处，修建这个宝塔，可以作为夜间航船的灯塔。有一位诗人曾经赞美振风塔说："点燃八百灯

图 230　福建石狮六胜塔

篝火，指引千帆夜竞航。"

　　江西宁都县的水口塔，建于明万历十二年（1584 年），为八角形平面的九层砖砌楼阁式塔，正处在宁都城边梅江的转弯之处，明显地具有引导航船的作用。

　　广东潮州的凤凰塔，位于韩江与支流固溪的交汇处，又叫作"固溪塔"，建于明朝万历十三年（1585 年），在清朝康熙三十年（1691 年）曾经作过修整。这是一座八角形平面的七层砖石混筑楼阁式塔。在每层塔檐的下部都有一些仿木构的斗栱装饰。在塔的基座和第一、二层石砌部分的表面，有极为丰富的动植物雕刻。但是在塔上却没有佛像及其相关题材，登高眺览和导船航行，应该是建立这座塔的主要意义所在。

　　在福州市东南闽江与乌龙江合流处的罗星山上，有一座罗星塔，正是为了出入马尾港口的船只识别方向而修建的。罗星塔原来是北宋时期建成的，明朝天启年间（1621～1627年）作了重新修整，是一座八角形平面的七层楼阁式石塔，高31.5米。在塔身表面有很多灯龛，却没有任何佛教信仰的雕刻题材。

江苏省太仓市位于长江入海口，在璜泾镇的中学校园内，有一座六角形平面的砖砌楼阁式塔，修建于清朝道光年间（1821～1850年）。该塔总高15.5米，在每层每面都开着圆拱形门洞，每层塔檐都做成了优美的飞檐翘角。在长江口外的船只能够清楚地看到这座塔，它是显示璜泾位置的绝好标志。另外，重庆奉节瞿塘峡口白塔，为八角形平面的七层楼阁式砖塔，通体洁白，极为醒目。它高耸于瞿塘峡口，是瞿塘峡入口处的标志。从这座塔的外形来看，很可能也是清朝的建筑。这些古代作为航标的灯塔，在今天仍发挥着应有的作用。

为了人杰与地灵

古代的中国人很讲究风水。所谓风水，就是指住宅基地、坟地以及它们所在环境的地理形势，如地脉与山水的方向等等。古人认为：一个地方风水的好坏可以直接影响到家族的兴衰、子孙后代的祸福吉凶。佛教认为他们的信仰能够以正念克服邪念，那么佛塔在人们的心目中也具有了"降妖伏魔"的作用。于是，专为改造风水、文运、美化风景的宝塔便相继问世了。特别是在明、清时期，人们对这种宝塔所寄托的希望越来越强烈，就出现了大量的风水塔、文风（峰）塔、文星塔、文昌塔等。

在陕西省韩城市有一座完成于明朝宪宗成化二十二年（1486年）的文星塔。据它的《创建文星塔记》记载：有一位姓杨的县令，上任以后游览了韩城的山川名胜，感到这里的风景虽好，但东北方向的山峰还不够耸拔，会影响韩城的风水。于是就和县里的乡绅们商议，修建了这座文星塔来弥补它的不足，并在塔上塑了一尊魁星像，塔的北面还建了一座文昌庙。魁星原来是中国古代天文学中的二十八宿之一"奎星"的俗称，名为"奎宿"，被道教尊奉为主宰文章兴衰的神灵。因此，魁星的主要职责就是主管文运。文昌也是星名，又称作"文曲星"和"文星"，是中国古代对魁星以上六星的总称。古代星相家们认为文昌是一颗吉星，主大贵，所以后来就被道教尊奉为主宰功名、禄位的神灵了。古代的文人雅士、世族官吏多崇奉祭祀它，认为可以保佑他们求得和确保功名。功名与利禄对读书人来说是至关重要的，修建可以改变风水、文运的宝塔，就是为了祈祷当地学子能文运兴盛、步步青云，使他们所在的地方人杰地灵。

在贵州省安顺西秀山上有一座望城塔，具有六角形的平面、七层楼阁式塔身，高 12 米左右，建造于元代。到了清朝咸丰元年（1851 年）在它的外面用白石包砌了一层，所以俗称为"白塔"。这座塔是实心的，塔身表面既无门也无窗，建造它纯粹是为了点缀风景、改造风水。云南建水崇文塔也是始建于元代，到了明、清时期曾作过修整，是一座方形平面的十三层密檐式砖塔，形似一个方锥体，向上的收分很大，因此也显得十分稳固。

湖北钟祥的文风塔，位于钟祥市郢中镇古城城东 1 千米的龙山上，建于明朝洪武二十二年（1389 年），为覆钵式塔样式。它的下部是八角形平面的基座，座上是上大下小的覆钵形塔身，塔身之上是竹笋状的塔刹，由二十一重相轮和三重轮盘等物构成，通高有 26 米，造型有些类似南传佛教的佛塔。

扬州的文峰塔，建于明朝万历十年（1582 年），是一座八角形平面的七层仿木构楼阁式砖木混合塔，高约 50 米。它虽然位于古代运河进入江水道的三湾子岸边，起到了指引运河中往来船只安全航行的作用，但文峰塔的名称就说明了建造它的目的（图 231）。广东省雷州市的三元塔，建于明朝万历四十三年（1615 年），是一座八角形平面的九层楼阁式砖塔，高 57 米。建造这座宝塔，是为了振兴当地的文风，希望能多出"三

图 231 江苏扬州文峰塔（20 世纪 90 年代拍摄）

元及第"的人才。

贵州省紫云苗族布依族自治县有一座七层楼阁式的"文笔闹堂（塘）"石塔，建于清朝雍正八年（1730年）。当时的人们把县城东部的堰塘作为砚台，把城北的五峰作为笔架，再修建这座石塔来当笔，就组成了一个完美的文房三宝景色。同时，建造这座塔，还有祈求当地学子们文运兴旺的含义在内。

安徽省旌德县的文昌塔，建于清朝乾隆十一年（1746年），高约24米，是一座八角形平面的五层楼阁式砖塔，在塔内设有楼梯，可以登高眺览。云南建水的文笔塔，位于白水河拜佛山之顶，建于清朝道光八年（1828年）。它的平面为四方抹角形，总高31米，形状很像一个巨笔插立在大地之上，没有任何佛塔特有的建筑结构与部件，是一座形义兼备的风水塔（图232）。

四川都江堰市的奎光塔，修建于清朝道光十一年（1831年），也是一座为振兴文风的高层建筑物，为平面六角形、十七层楼阁式砖塔，高达50多米，在塔的层数上是中国古塔中最多的。湖南炎陵县湘山宝塔重建于清朝咸丰元年

图 232　云南建水文笔塔（20 世纪 90 年代拍摄）

图 233　浙江杭州西泠印社石塔

（1851年），为八角形平面的九层楼阁式砖石塔，在塔身正面的每一层门额处都镶嵌着石匾一块，上面题刻着"文星""环拱""奎光"等字样，充分说明了建塔的意义。

新疆乌鲁木齐的红山上有一座清代的镇龙塔，相传是为了镇压恶龙而建造的。塔为八角形平面的九层楼阁式砖塔，向上的收分很大。镇龙塔的内部不能登临，塔身的表面也没有开出任何门窗，因此，它的性质仍然是风水塔。

还有一种纯粹为了点缀风景的宝塔。例如杭州市西湖孤山上的西泠印社石塔（图233）。西泠印社是筹建于清朝光绪二十九年（1903年）的研究金石篆刻的学术团体，园中的这座石塔高10多米，是一座八角形平面的十一层密檐式塔。塔身表面刻着《华严经》文，顶上还有多重相轮覆钵塔式的塔刹。但建立它的目的不带有任何特定的佛教意义。

瞭望敌情的观察站

中国的楼阁式宝塔可以提供给人们登高眺远，于是，也就自然地被古代的军事家们借用来观察敌情了。由于具备了高耸和有效地占据制高点的特点，楼阁式塔还可以起到防御射击的作用，这也是古代战争取胜的必要条件之一。所以，专门为了瞭望敌情的宝塔就应运而生了。

河北定州开元寺的料敌塔，为八角形平面、十一层楼阁式砖塔，高达84米，是中国现存最高的一座古塔（图234、235）。定州是北宋与辽国接壤的边境地区，为了有效地观察敌情，宋真宗（997～1022年在位）下诏建立开元寺和料敌塔，到了宋仁宗至和二年（1055年）才最终建成。料敌塔的外观粗大挺拔，有着明显的曲线，在塔身的每层四正面都辟有门洞，其余四面则装饰着假窗，塔檐的形式是用砖层层叠涩挑出的短檐，结构简洁。塔顶以巨大的仰莲刹座、覆钵体、铁制相轮、露盘和两个青铜宝珠组成。在塔内的中央还包砌着一塔，在第二层的夹层内还发现了北宋时期的壁画，色彩十分鲜丽。

陕西的榆林是明长城沿线的榆林镇，也称延绥镇，是明朝西北的军事重镇，

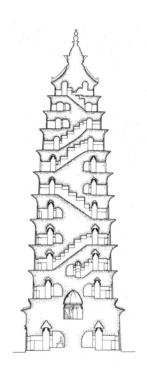

图 234　河北定县开元寺料敌塔（20 世纪 80 年代　图 235　河北定县开元寺料敌塔剖面图
拍摄）

朝廷特设总兵官带兵驻守此地。榆林城东南山冈上的凌霄塔是明代建筑，全部用砖砌筑而成，为八角形平面的九层楼阁式塔，高有 40 多米。它的塔壁极为坚厚，除了用作瞭望敌情之外，还可以起到军事防御的作用。有一首赞美凌霄塔的七律诗，生动形象地道出了此塔曾经在历史上所起过的作用："巍巍宝塔据重岗，八面凌霄八面窗。雄镇榆林依古塞，浮图高峙射天狼。"

明朝的陕北延安，也是西北地区的军事防御重地。延安宝塔位于延安市的东山上，面临着延河，有效地控制着延安城的制高点，明朝修建这个宝塔的目的也正在于此。延安宝塔为八角形平面、九层楼阁式砖塔，高有 44 米，建筑外观和料敌塔有一定的相似之处。在塔内有盘升的阶梯，可以登塔俯瞰全城景色（图 236）。

甘肃省兰州市的白塔山，下有金城、玉迭两关，是古代一个军事要塞所在地。山上有一座覆钵式与楼阁式相组合的宝塔，俗称白塔，创建于元代，在明朝景泰年间（1450~1456 年）又经过重建，就成了今天的样子。白塔山白塔通高 17 米，下部有正方形的台基，台基上是八角形平面的束腰须弥座，座上建着上大下小的

图 236　陕西延安宝塔

图 237　甘肃省兰州市的白塔山（20 世纪 60 年代拍摄）

覆钵体，覆钵之上是八角形平面的七层楼阁式塔。它是汉藏佛塔艺术相结合的形式，在这里同样起着控制制高点以瞭望敌情的作用（图 237）。

佛家的葬仪被道家借用了

东汉顺帝（125～144 年在位）时，张道陵（34～156 年）倡导的五斗米道，奉春秋时期道家的创始人李耳为教主，以李耳的《道德经》为主要经典。从此以后，中国本民族传统的宗教 —— 道教就逐渐形成，并且延续至今。从现有的历史文化资料来看，道教在修建道观、造像、绘画等艺术方面的活动要比佛教少得多，而且还在很多方面受到了佛教样式的影响。特别是在宋元明清时期，社会上流行的"三教合一"思想，使佛教和中国传统的儒家思想以及道教信仰越来越多地相互融合起来了，就出现了道教信徒在死后采用佛教的建塔埋葬现象，而且他们所建的墓塔也和佛教的高僧墓塔没有太大的差别。

辽宁省鞍山市的千山虽是佛教圣地，但也和道教有着不解之缘。清朝康熙六年（1667 年），一座道教的无量观在千山上修建起来了。从此，道教的信仰者也进入了这个佛教圣地。千山的八仙塔，原来是清朝康熙年间道士刘太琳（1628～？）的师弟为他修建的墓塔。相传，这座塔建成以后，刘太琳看塔的四周雕刻着八仙的形象，生怕自己越于八仙之上，不敢使用，就在八仙塔的上方又为自己建了一座小型的墓塔。八仙塔是六角形平面的十一层密檐式砖塔，高 13 米，它是仿照辽、金时代的密檐式佛塔的样式建造的，但在建筑技巧与装饰方面都已不如前者，显得简洁而朴素。八仙塔与康熙二年（1663 年）建造的真和尚塔很相似，这显然是向佛教学习的结果。

刘太琳是河北临榆县（今河北省秦皇岛市）人，清康熙二年（1663 年）于辽宁省本溪县铁刹山八宝云光洞出家，拜郭守真（1606～1708 年）为师，是道教全真龙门派的第九代弟子。刘太琳好学不倦，博览群书，精通道家义理。他的弟子们于民国年间先后在千山修建无量观下院 5 座，由无量观派生出的宫观达 16 座。至此，他的龙门派在千山得以世代相传。因此，刘太琳是继郭守真之后影响较大道

图 238　辽宁鞍山市千山祖师塔

士之一。刘太琳的墓塔叫作祖师塔，因为他是无量观建造的经营者，所以被后人尊奉为无量观的开山祖师。祖师塔只有 3 米高，是用花岗岩砌筑成的六角形平面的亭阁式塔，塔下有束腰须弥座，塔身上部叠涩五层，并内收成塔顶。最上面安置着瓶式塔刹，作风极其简朴（图 238）。

北京的白云观，是道教全真派的祖庭，后院有一座恬淡守一真人罗公的墓塔，建于清朝雍正年间（1723～1735 年）。这位罗公叫罗本真（？～1727 年），本是江西南昌铁柱宫道士，后在姑苏（今江苏苏州）、维扬（今江苏扬州）间访道。最后在湖南岳阳楼据说是祈梦时得纯阳祖师吕洞宾下降传道而得道。在康熙年间（1662～1722 年），罗本真来到北京白云观闭关修行，于雍正五年（1727 年）逝世于观内。雍正帝敕封他为"恬淡守一真人"。白云观"恬淡守一真人罗公塔"，就是奉祀这位罗真人灵骨的墓塔。这座塔通高在 10 米左右，是八角形平面的三层密檐式石塔（图 239）。塔的下部是一个束腰仰覆莲须弥座，第一层塔身较高，表面刻着仿木构门窗、立柱等。再上是三层密檐，都是仿木构建筑的形式，有椽子、瓦垄、脊兽等。塔刹由一个小八角亭和圆珠组成。在这座塔身的表面，刻着道教惯用的八卦图案，它是中国道教宝塔中的精品。

陕西省周至县的楼观台是著名的道教圣地，历史上曾经有不少道士在这里活动过，但最后大部分不知所终。楼观台现在只保存了一座道士刘合仑塔，它是一座纪念塔，因为塔内只埋着刘合仑生前用过的衣钵。刘合仑塔是三层实心的楼阁式砖塔，平面为六角形，高约9米。塔檐极短，塔顶上安置了一个瓜棱形的宝瓶作为塔刹。这种塔型，在西安大慈恩寺清代高僧的墓塔群中有很多例，这无疑也是来源于佛教徒的创作了。

　　甘肃敦煌莫高窟，是世界上最大的佛教艺术宝库。但在莫高窟的对面，却立着一座道士的墓塔。它建于1931年，塔内安葬的是一位名叫王圆箓（1849～1931年）的道士。在清朝末年，莫高窟前有一座道教的太清宫，它的主人就是这位道士王圆箓。同时，他也是莫高窟的管理者。王道士对于古老的佛教艺术也怀着十分崇敬的心情，他经常四处化缘，用得来的钱去修补莫高窟残破的建筑与雕塑。1900年，一次偶然的机会，他发现了第16窟内的藏经洞（第17窟），里面保存着近5万件古代写本文书与绘画、法器等，使全世界为之震惊。紧接着，西方的探险家们接踵而至。王道士也在尽心保护这文化遗产，无奈各级地方官吏无一人支持与帮助他。最后，他就把这些珍贵的古代文物大部分卖给了前来探险的外国学者们，同时也为修补莫高窟筹集了一些资金。以后，敦煌藏经洞的文物在东西方学者的共同研究下，形成了一个世界性的新学问——敦煌学。这位藏经洞发现者的墓塔高8.69米，被修成了佛教覆钵式塔的样子，下面有一个方形台基和一个八角形平面的台座，座上的塔身是瘦高的上大下小覆钵体。塔身的上面立着一个圆形小亭阁，亭阁的顶部是三个串在一起的莲花宝珠（图240）。这座王道士墓塔会让我们记住旧中国的愚昧与落后，从而更加珍视祖先们留给我们的宝贵遗产。

　　除了上述四种用途之外，在

图 239 北京白云观恬淡守一真人罗公塔

图 240　左：甘肃敦煌莫高窟王道士墓塔（20 世纪 80 年代拍摄）；右：王圆箓在莫高窟前（斯坦因拍摄于 1907 年）

中国古塔中还有对于某个历史事件纪念性的宝塔，也和佛教没有什么关系。如江苏省太仓市的云山塔，明朝嘉靖年间（1522～1566 年）为了纪念战胜倭寇而兴建的，相传在塔下埋的是被杀倭寇的尸体，这座塔就起着镇压的作用。云山塔是正方形的两层亭阁式塔，高约 5 米，塔上修着四角攒尖顶的塔檐，很少具有佛教的宗教意味。在南京中山陵的东侧，有一座灵谷塔，是为了纪念国民革命军阵亡将士于 1928 年修建的。灵谷塔全部用钢筋混凝土筑成，是一座八角形平面的九层楼阁式塔，高有 60 多米。在塔内建有粗大的中心柱，人们可以登梯盘旋而上，眺览南京城与钟山优美的风光。

刘敦桢主编：《中国古代建筑史》，北京：中国建筑工业出版社，1984 年。

罗哲文：《中国古塔》，北京：中国青年出版社，1985 年。

徐华铛：《古国古塔》，北京：轻工业出版社，1986 年。

李保栽、赵涛：《中国古塔大观》，郑州：河南科学技术出版社，1987 年。

张驭寰、罗哲文：《中国古塔精粹》，北京：科学出版社，1988 年。

周沙尘主编，徐伯安著：《中国塔林漫步》，北京：中国展望出版社，1989 年。

萧默：《敦煌建筑研究》，北京：文物出版社，1989 年。

晁华山：《印度、中亚的佛寺与佛像》，北京：文物出版社，1993 年。

罗哲文：《中国古塔》，北京：外文出版社，1994 年。

徐苹芳：《中国舍利塔基考述》，《传统文化与现代化》1994 年第 4 期。

宁夏回族自治区文物管理委员会办公室：《西夏古塔》，北京：文物出版社，1995 年。

中国美术全集编辑委员会：《中国美术全集·建筑艺术编 4·宗教建筑》，北京：中国建筑工业出版社，1995 年。

宿白：《藏传佛教寺院考古》，北京：文物出版社，1996 年。

孙建华：《漫步古塔名楼》，北京：中国社会科学出版社，2005 年。

王光：《辽西古塔寻踪》，北京：学苑出版社，2006 年。

张驭寰：《中国佛塔史》，北京：科学出版社，2006 年。

徐华铛：《中国古塔造型》，北京：中国林业出版社，2007 年。

赵克礼:《陕西古塔研究》,北京:科学出版社,2007 年。

陕西省考古研究所等:《法门寺考古发掘报告》,北京:文物出版社,2007 年。

张驭寰:《传世浮屠:中国古塔集萃》,天津大学出版社,2010 年。

宿白:《魏晋南北朝唐宋考古文稿辑丛》,北京:文物出版社,2011 年。

王冉:《中国古代建筑》,江西教育出版社,2013 年。

冉万里:《中国古代舍利瘞埋制度研究》,北京:文物出版社,2013 年。

万幼楠:《塔》,北京:中国建筑工业出版社,2013 年。

陈燮君、陈克伦:《古塔遗珍》,上海书画出版社,2014 年。

裘乐春:《杭州古塔图鉴》,杭州:浙江古籍出版社,2016 年。

孙群:《福建遗存古塔形制与审美文化研究》,北京:九州出版社,2018 年。

戴孝军:《中国古塔及其审美文化特征》,武汉大学出版社,2018 年。

张恩台:《古塔瑰宝:无上玄机的魅力古塔》,崧博出版事业有限公司,2019 年。

徐进:《陕西古塔全编》,西安:西北大学出版社,2019 年。

张文质:《燕赵古桥古塔一百座》,北京:中国传媒大学出版社,2020 年。

后 记

　　提笔撰写这本小书，使我想起了故乡西安的佛塔，以及我幼年的印象，后来的所见。

　　大雁塔所在的慈恩寺，一直是全国重点文物保护单位。小时候参观那里是极为方便的，只要买一张一毛钱的门票，就可以登塔眺览古城西安了。所以，登大雁塔一直是我和父母弟妹们在星期天最佳的游玩项目。但要想参观小雁塔却不容易，因为那里是一片废址，只有宝塔高高地耸立着，由文物部门派专人管理，禁止任何人参观。1975 年，我上小学四年级的时候，学校组织我们出外义务劳动，地点就是小雁塔所在的大荐福寺。劳动之余，管理人员为了答谢我们这些小学生，特意两次打开了小雁塔的塔门，我们怀着极度兴奋的心情登梯而上，站在塔顶俯瞰养育我们的古城西安。回家以后，自然要向父母弟妹们猛吹一通，因为他们都没有上过小雁塔。

　　童年时期，我怎么也不会想到在以后的学习工作中，会和佛教结下不解之缘。1984 年，我在北京大学考古系本科三年级学习时，选择了佛教艺术作为研究发展方向，从那时起，就预示着将来可能会和西安的佛寺佛塔再结善缘了。1996 年 6 月间，我和文物出版社的高级摄影师陈志安先生一同调查了西安的寺院，再次游览了小雁塔和大雁塔，当时见到的景况已经绝非昔日可比了。所到寺院处处都是熙熙攘攘的参观人群，被砸毁的卧龙寺已经完全修复了，大荐福寺的所有大殿都已拔地而起，呈现出了全新的面貌。但出于文物保护的因原，人们至今仍不能登上小雁塔参观。

最令我激动的，还是对慈恩寺的考察。在大雄宝殿的侧面，我看到了一处小塔林，都是六角形平面的三层短檐楼阁式砖塔，就走过去打算一一记录下来。我先为选择的第一座墓塔拍了照，然后拿出笔记本来抄录墓塔上的铭文题记。读罢碑文方知，它是 1988 年修建的卧龙寺朗照法师墓塔（图 241）。卧龙寺是西安的一所著名寺院，1900 年慈禧太后（1835 ~1908 年）在西安躲避八国联军时，曾给该寺捐赠了一座石雕版楼。1949 年以后，卧龙寺是陕西省佛教协会所在地。朗照法师生于 1893 年，俗姓程，名鉴元，法名慧日，朗照是他的号。他是满族人，但祖籍是陕西凤翔。他十八岁时出家为僧，三年后在终南山国清寺受具足戒。不久就历游江浙各省名寺参学。1939 年任卧龙寺方丈，其后招收弟子不计其数。1949 年以后，朗照法师先后被推选为西安佛教协会会长、中国佛教协会理事、西安市政协常委、西安市人民代表大会代表。1956 年，他随中国佛教代表

图 241　陕西西安大慈恩寺朗照和尚墓塔（1996 年拍摄）

团赴缅甸参加世界佛教徒第六次集结佛经大会。同年6月护送佛牙回国巡展。他圆寂于1966年。

中国的古塔，体现着古代佛教建筑的高超技艺，中印文化艺术的完美结合。我深深地感到，保存至今的大量古塔实物，又是一部极丰厚的佛教史诗，它谱写着历代佛教的兴衰与沧桑，也展示着旧时代的烙印与现代社会的新气象。在那一座座古老的宝塔里，还有许许多多鲜为人知的秘密在等待我们去发掘，去探寻。

最后，感谢四川省文物考古研究院王婷女士、南京大学历史学院周学鹰先生、龙门石窟研究院贺志军先生为本书提供的部分资料。感谢文物爱好者唐大华、刘晓华先生提供的照片。

常 青

2020年7月于美国得克萨斯州达拉斯市

1994 年作者于河南安阳修定寺塔前留影

作者简介

  常青，1962 年 12 月生于陕西省西安市。北京大学考古系学士与硕士，美国堪萨斯大学中国艺术史博士，主修中国石窟寺艺术。曾在龙门石窟研究所、中国社会科学院考古研究所、中国佛教文化研究所工作。1999 年来到美国研究、学习与定居。曾在华盛顿佛利尔美术馆、美国国家美术馆做高级访问学者，研究美国各大博物馆收藏的中国佛教艺术品。后在纽约大都会艺术博物馆亚洲部做博士后研究，在北卡大学亚克兰艺术博物馆、佛罗里达州瑞格林艺术博物馆担任亚洲艺术策展人。2010 年以后，在密苏里州圣路易华盛顿大学任博士后讲师、密苏里大学圣路易分校任客座教授，讲授亚洲与中国艺术史，并在得克萨斯州达拉斯亚洲艺术博物馆担任研究策展人。自 2018 年起在四川大学艺术学院任教授、博士生导师。出版 12 种专著、100 余篇中英文研究论文，主要研究中国佛教艺术。（Email: changqing2002@yahoo.com）